I0759644

MEDITACIONES

ALMA CLÁSICOS ILUSTRADOS

MEDITACIONES
MARCO AURELIO

Traducción y notas de Miquel Dolç

Ilustrado por
António Jorge Gonçalves

Título original: *Τὰ εἰς ἑαυτὸν*
(véase página 191)

www.editorialalma.com

 @almaeditorial

Traducción cedida por José J. de Olañeta, Editor

Diseño de la colección: lookatcia.com
Diseño de cubierta: lookatcia.com
Maquetación y revisión: La Letra, S.L.

ISBN: 978-84-10206-44-1
Depósito legal: B-14853-2024

Impreso en España
Printed in Spain

Este libro contiene papel de color natural de alta calidad que no amarillea (deterioro por oxidación) con el paso del tiempo y proviene de bosques gestionados de manera sostenible.

ÍNDICE

PRESENTACIÓN

En el año 161 d. C. un hombre singular se convertía en emperador de Roma. Encarnaba, para muchos, al rey filósofo que había soñado Platón en su *República* ideal. Era Marco Aurelio Antonino Augusto.

Nacido en el año 121 d. C., recibió una sólida formación en retórica, pues el anterior emperador, Adriano, lo había elegido para sucederle siendo él aún adolescente. Estudió en griego y en latín, se ejercitó en la lucha y en la caza y conoció, en resumidas cuentas, la educación de un joven noble vinculado a la vida de palacio. Aun así, desde edad muy temprana optó por centrar sobre todo su atención en la filosofía y, en particular, en la obra de Epicteto, máximo exponente, junto con Séneca, del estoicismo romano.

Cuando por fin accedió al trono, el nuevo dirigente insistió en compartirlo con su hermano Lucio Vero. Y así, por primera vez en la historia de Roma, y hasta el fallecimiento de este, en 169, la ciudad estuvo gobernada por dos coemperadores con poderes análogos. Durante su reinado, Marco Aurelio vio Roma amenazada por el resurgimiento del imperio parto y los ataques de marcomanos y otras tribus bárbaras, por rebeliones en Egipto, por el auge del cristianismo y por una pandemia, quizá de viruela, que haría estragos en todo el territorio y se conocería con el nombre de su familia: la peste antonina. Posiblemente esta enfermedad fue la que acabó con su vida. Murió en 180 d. C., estando en campaña militar en Sirmio (ciudad de la Serbia actual) o quizá en Vindobona (Viena), dejando un legado que se conoce como la «edad de oro» de Roma.

Sin embargo, ninguna de sus campañas militares ni las reformas legales, monetarias y sociales que emprendió lograron apartarlo del cultivo de la filosofía. Escribió en lengua griega estas *Meditaciones*. Su organización y su tono (con excepción del libro I, de agradecimiento) lo revelan más como un cuaderno de anotaciones personales que como una obra concebida para ser publicada. De ahí también, quizá, su expresión directa y asequible. Es una colección de recordatorios o indicaciones eminentemente prácticas que lo ayudarían, como recomendaba Epicteto, a aplicar los planteamientos filosóficos de los estoicos y a conjugar tal ejercicio con la abrumadora responsabilidad (quizá sin parangón en la época) de ser emperador de Roma.

La que sigue es una de las obras más importantes del estoicismo —centrado en el dominio de la propia persona y en la vida virtuosa como medios para alcanzar la plenitud—. En ella, usando un lenguaje claro, aunque nada trivial, su autor subraya la importancia de aceptar la realidad tal como se nos presenta, de vivir el presente para no caer en el desasosiego, y recuerda que el que una experiencia sea buena o mala depende únicamente de nuestro modo de concebirla.

Solo hay una cosa sobre la que podemos tener un dominio absoluto: nuestra propia mente. Por eso es importante cultivar nuestra vida interior, huir de complicaciones y enfrentamientos poco fructíferos, centrarse en lo que nos es dado dominar y saber aceptar, sin más, lo que escapa a nuestro gobierno. Vista a través de este cristal, nuestra existencia no resulta complicada ni la felicidad es una meta inalcanzable.

Pero, además, la serenidad nos lleva a tomar decisiones acertadas con respecto a los demás. Como buen estoico, Marco Aurelio se propone dejar que la sabiduría y la virtud guíen sus pasos, con el convencimiento de que todos nuestros actos deben ir encaminados hacia un bien mayor.

Esta pretensión de armonizar el poder colosal que tenía en sus manos con el deseo de obrar en todo momento con justicia y piedad lo distingue, en opinión de muchos, de la inmensa mayoría de los dirigentes mundiales y lo ha convertido en modelo para personajes de la talla de Theodore Roosevelt o Bill Clinton.

MEDITACIONES

MEDITACIONES
LIBRO I

✦

1. Aprendí de mi abuelo Vero la bondad y la ecuanimidad.[1]

2. De la buena fama y memoria legadas por quien me engendró, la circunspección y el carácter viril.

3. De mi madre, la piedad, la liberalidad y la abstención no solo de ejecutar acción mala, sino también de pensarla; además, la simplicidad en el vivir y el alejamiento del sistema de vida que siguen los ricos.

4. De mi bisabuelo, el no haber frecuentado las escuelas públicas y haberme proveído de buenos maestros en casa, bien persuadido de que en este particular es menester gastar asiduamente.

5. De mi preceptor, el no haber sido en los juegos públicos ni Verde ni Azul,[2] ni partidario de los parmularios o de los escutarios;[3] la constancia frente a la fatiga y los escasos cuidados; el afán de obrar por mí mismo, sin agobiarme con excesivas tareas; el menosprecio a los chismosos.

6. De Diognetes,[4] la aversión a las frivolidades; la incredulidad a lo que cuentan los magos y los charlatanes acerca de las hechicerías y la manera de preservarse de los espíritus, y otras supercherías de este jaez; a no dedicarme a la cría de codornices ni enfundarme en parejas manías; a aguantar la zumba en las conversaciones; a familiarizarme con la filosofía, oyendo las lecciones, primero de Baquio, luego de Tandasis y de Marciano;[5] a ejercitarme, de niño, en componer diálogos; a haber codiciado el camastro de campaña, cubierto de simple piel, y todas las otras disciplinas inherentes a la educación helénica.

7. Debo a Rústico el haber comprendido la necesidad de enderezar mi carácter y vigilarlo de continuo;[6] no haberme desviado hacia la hinchazón de la sofística, ni haber compuesto tratados teóricos ni esas obras retóricas que tienden a la persuasión; no intentar sorprender al público con ostentaciones de actividad o beneficencia; haber renunciado a la retórica y a la poesía y al estilo atildado; no pasearme por casa en toga,[7] vedándome tales vanidades ceremoniosas; escribir llanamente mis cartas, a semejanza de aquella que él mismo escribió, desde Sinuesa,[8] a mi madre; estar siempre dispuesto a doblarme y a reconciliarme prontamente con los que se me irriten o me ofendan, apenas ellos mismos deseen allegárseme; leer con reflexión, sin contentarme con una noticia superficial de los escritos; no dar fácil asenso a las personas que charlan de todo fuera de propósito; haber podido leer los escritos de Epicteto, que él me prestó de su biblioteca.

8. Debo a Apolonio la independencia de espíritu;[9] la decisión sin perplejidades; el no dejarme regir, ni aun en las cosas mínimas, por otros principios que por la razón; permanecer siempre igual, en los dolores más agudos, en la muerte de un hijo, en las largas

enfermedades; haber visto claramente, ante su viviente ejemplaridad, que se puede juntar el mayor ímpetu a la dulzura; el no mostrar ningún desabrimiento a lo largo de las lecciones; haber visto a un hombre que juzgaba ciertamente como la menor de sus cualidades su experiencia y su destreza en transmitir la doctrina; haber aprendido cómo hay que aceptar las finezas de los amigos, sin dejarse esclavizar por ellas y sin rechazarlas toscamente.

9. A Sexto, la benevolencia y el modelo de una casa patriarcal;[10] la idea de la vida conforme a la razón natural;[11] la gravedad sin afectación; la solicitud desvelada por los amigos; la tolerancia con los necios y los atolondrados; en suma, la armonía con todos; de este modo, su trato les ganaba con más atractivo que cualquier lisonja, y les inspiraba a la vez el más profundo respeto; la habilidad en descubrir con exactitud y método y en regularizar los principios necesarios para la vida; no haber nunca manifestado ni aun en apariencia seriales de cólera u otra pasión, antes bien, poseer un carácter muy pacífico y, al mismo tiempo, entrañable; la propensión a la alabanza, pero con discreción; la vasta erudición, sin pedantería.

10. De Alejandro el gramático aprendí a no censurar;[12] a no zaherir a quienes se les fue un barbarismo, un solecismo o cualquier viciosa pronunciación, sino a anunciar con maña aquella única palabra que convenía proferir, bajo la forma de una respuesta, de una confirmación o de una deliberación sobre el fondo mismo, no sobre la forma, o por otro medio apropiado de hábil sugerencia.

11. De Frontón,[13] el haber comprendido hasta qué punto llega la envidia, la duplicidad y la hipocresía de los tiranos, y cómo, de ordinario, esos personajes que llevan entre nosotros el nombre de *patricios*, son, en cierto modo, insensibles a la estima.

12. De Alejandro el platónico, el no repetir a menudo y sin necesidad, sea de viva voz, sea por escrito, que estoy muy ocupado; y no rechazar así, sistemáticamente, los deberes que las relaciones sociales imponen, pretextando un agobio de quehaceres.

13. De Catulo,[14] el no despreocuparme por las quejas de los amigos, aun en el caso de que fuera inmotivada la queja, sino, al contrario, intentar restablecer las relaciones de amistad; elogiar de grado a los maestros, como es fama que lo hacían Domicio y Atenodoto; amar sinceramente a los hijos.

14. De mi hermano Severo, el amor a la familia, a la verdad y al bien;[15] el haber conocido, gracias a él, a Traseas, Helvidio, Catón, Dion, Bruto;[16] haber adquirido la idea cabal de un Estado democrático, fundado sobre la igualdad y la libertad de voto, y de un poder que respetase, por encima de todo, la libertad de sus vasallos; de él, también, la aplicación perseverante, sin desfallecimiento, a la filosofía; la beneficencia, la asidua liberalidad; la plena esperanza y confianza en la buena fe de los amigos; ningún disimulo para aquellos que se tenía deber de censurar; ninguna necesidad de que sus amigos conjeturando adivinaran qué quería o no quería, pues procedía francamente con ellos.

15. De Máximo, el dominio de sí mismo, sin dejarse arrastrar por las circunstancias;[17] buen ánimo en todas las coyunturas, aun durante las enfermedades; la moderación de carácter, dulce y grave; el cumplimiento sin esfuerzo de cuantas tareas se tienen a cargo; el que todos confiaran que así sentía como decía, y que cuando obraba lo hacía sin fin torcido; no sorprenderse ni sentir temor por nada; nunca precipitación ni perplejidad, ni incertidumbre ni abatimiento, ni medias sonrisas, seguidas de arrebatos de ira o desconfianza;

la beneficencia, la facilidad en perdonar, la sinceridad; dar la sensación de hombre firme más bien que enderezado. Ninguno pudo imaginarse que Máximo le aventajara ni admitir que nadie le fuera superior; en fin, su urbanidad y cortesía.[18]

16. De mi padre,[19] la mansedumbre, pero también la firmeza inalterable en las resoluciones tomadas con madurez; la indiferencia respecto a las vanas apariencias de gloria; el amor a los negocios con perseverancia; la atención para prestar oídos a los que son capaces de proponer algún proyecto de utilidad pública; el distribuir a cada uno, inflexiblemente, según su mérito; la habilidad en discernir cuándo hay necesidad de un esfuerzo persistente o de un aflojamiento; el saber poner fin a la familiaridad con los mancebos; la jovialidad con todos; la libertad concedida a los amigos para que no asistieran siempre a sus convites ni le acompañaran necesariamente en los viajes, y que le encontraran, antes bien, siempre ecuánime cuando alguien por alguna precisión le hubiese dejado algún tiempo; el afán y la constancia en examinar minuciosamente los asuntos sin renunciar a una cabal investigación, satisfecho con una información superficial; el cuidado en conservar a los amigos sin mostrárseles fastidiado ni excesivamente apasionado; el arte de abastarse a sí mismo en todo, manteniendo la serenidad; la atención en prever de lejos y en ajustar muy de antemano todos los pormenores sin alboroto; la represión de las aclamaciones y de todo género de lisonja que pudieran hacerle; la vigilancia constante sobre los grandes intereses del Estado; la administración con cuenta y razón de los impuestos públicos, y la tolerancia con las murmuraciones que en este particular le zaherían; ningún temor supersticioso en el culto a los dioses; respecto a los hombres, ninguna bajeza para granjearse la popularidad, como mostrarse demasiado obsequioso o demasiado amigo del populacho; antes bien, sobriedad en todo, conducta

constante, experiencia del vivir decoroso sin deseo de novedades; el uso de los bienes que contribuyen al regalo de la vida —y de ellos le había colmado la Fortuna— a la vez sin fausto y sin excusas, de suerte que los gozaba sin rebozo cuando caían en sus manos, y no los echaba de menos cuando le faltaban.

Nadie había podido tacharle de charlatán, de adulador, de pedante; al contrario, todo el mundo reconocía en él a un hombre maduro, consumado, inaccesible a la adulación, capaz de hacer frente a los asuntos ajenos, sin olvidar los propios. Además, el respeto con que trataba a los que se daban de veras al ejercicio de la filosofía; en cuanto a los que lo fingían, sin dirigirles reproche alguno, no se dejaba embaucar por ellos; a más de esto, su plática afable y encantadora, sin llegar a la hartura; la diligencia con que cuidaba razonablemente la compostura de su cuerpo, pero no como quien ama en demasía la vida, sin refinamiento y tampoco sin negligencia, sino que así, gracias al cuidado de su persona, no tuvo casi nunca necesidad de recurrir a la medicina ni a los medicamentos de uso interno o externo; sobre todo, su complacencia, exenta de envidia, en los hombres excelentes en alguna facultad, por ejemplo, la elocuencia, la jurisprudencia, la ética o bien otra ciencia; la ayuda que les prestaba para que consiguiera cada uno los honores que merecía a tenor de sus particulares profesiones; teniendo siempre a la vista la disciplina de los antepasados, pero sin hacer de ello alarde, amoldarse a dichas costumbres.

No era de los que propenden a desplazarse o a desasosegarse, sino que gustaba de permanecer largo tiempo en los mismos sitios y quehaceres; al cesar los violentos ataques de sus dolores de cabeza, se entregaba pronto, rejuvenecido y vigoroso, a sus tareas habituales; no hacía muchos misterios, sino escasos, de vez en cuando, y solo sobre asuntos de Estado; su conducta era razonable y mesurada en la celebración de fiestas, en la construcción de edificios, en las distribuciones al pueblo y en otros casos análogos, como corresponde al hombre solo gobernado por las reglas del deber y no por el aura de la gloria popular; ni baños a deshora; ni afición apasionada por edificar; ni primor en la comida, ni en los tejidos y pliegues del vestido, ni en el brillante aspecto de sus pajes. La holgura que le procuraba la vida oficial en Lorio le permitía desplazarse a una quinta vecina, algo más abajo, y las más veces a las que poseía en Lanuvio; se libraba en tales ocasiones de todo aparato ceremonioso, si bien solía disculparse de tanta libertad, como hizo con un publicano, en Túsculo, que le ofrecía sus servicios.[20] Esta era habitualmente su manera de vivir; nadie le vio altanero, ni malhumorado, ni duro, hasta el punto de que se pudiera decir de él: «¡Basta! ¡Cómo suda!», sino que sus planes estaban siempre meditados con exactitud, despacio, sin turbación ni desorden, sólidamente, concertadamente. Con razón se le podría aplicar lo que se cuenta de Sócrates: que sabía abstenerse y disfrutar de aquellos bienes, cuya privación hace infelices a los más de los hombres, mientras que cuando los tienen se entregan a su goce sin templanza. Su fuerza, en fin, y su resistencia, y el equilibrio en uno y otro caso, son propios de un hombre que posee un espíritu bien templado, invicto, como lo probara en la enfermedad que le llevó al sepulcro.

17. Debo a los dioses el haber tenido buenos abuelos, buenos padres, una buena hermana; buenos maestros, buenos familiares, parientes y amigos casi todos buenos; el no haber faltado en nada a mi deber con ninguno de ellos, aun cuando, debido a mi carácter, hubiera podido, dada la ocasión, hacerlo; es, pues, un beneficio de los dioses el no haberse producido un concurso de circunstancias capaz de hacerme hoy avergonzar; no haber sido educado largo tiempo en casa de la concubina de mi abuelo; haber conservado sin mancillar la flor de mi juventud; no haber usado de una prematura

virilidad; más aún, haber traspasado el tiempo oportuno; haberme supeditado a un príncipe, mi padre, que debía destruir en mí toda vanidad y hacerme comprender que se puede vivir en la corte sin tener necesidad de una guardia personal, de vestidos lujosos, de lámparas, de estatuas y otras cosas parejas y de tal pompa; y que, por el contrario, cabe muy bien ceñirse casi a la condición de un simple particular, sin proceder por ello indigna o negligentemente con relación a los deberes que impone la soberanía del Estado; haberme caído en suerte un hermano, capaz por su carácter de incitarme al cuidado de mí mismo y que, al mismo tiempo, me alegraba con su trato y su cariño; haber tenido hijos, ni ineptos ni contrahechos; no haber avanzado demasiado en la retórica, en la poesía y en los otros estudios que acaso me habrían absorbido si yo hubiese observado que adelantaba en ellos; haberme anticipado a los deseos de mis maestros de otorgarles el grado de dignidad que me parecía deseaban, sin abandonarlos a la esperanza de poder más tarde, dada su joven edad, efectuar su deseo; haber conocido a Apolonio, Rústico, Máximo; haberme representado, claramente y a menudo, el sistema de una vida conforme a la naturaleza, de suerte que, en todo cuanto concierne a los dioses, a sus comunicaciones, socorros e inspiraciones, nada me impedía, desde entonces, vivir acorde con la naturaleza; y, si todavía estoy lejos de ello, es por mi culpa y por haber desatendido las advertencias, mejor aún, las lecciones, de los dioses; la resistencia indefectible de mi cuerpo a tal género de vida; no haber estado en contacto ni con Benedicta ni con Teodoto;[21] y más tarde, acosado por las pasiones amorosas, haber curado; aunque me hubiera enojado a menudo contra Rústico, no haber hecho nada de que deba arrepentirme; el que mi madre, destinada a morir joven, pasara junto a mí sus postreros años; que siempre que quise socorrer a un hombre indigente o que tenía por otra razón necesidad de ayuda, nunca oí en mi casa que no hubiera dinero disponible; y no haber experimentado yo mismo la necesidad del socorro ajeno; haber tenido una tal consorte,[22] tan obediente, tan apasionada y tan sencilla; haber tenido en abundancia maestros capacitados para mis hijos; haber recibido, entre sueños, la revelación de diversos remedios, y especialmente para mis vómitos de sangre y mis vahídos de cabeza, y una especie de oráculo, a este propósito, en Gaeta; el no haber caído, cuando empecé a interesarme por la filosofía, en manos de un sofista, ni haberme dedicado al análisis de autores, o a resolver silogismos o a perder el tiempo en la física celeste.

Todas estas gracias provienen necesariamente de los dioses benéficos y de la Fortuna.

Entre los cuados, a la orilla del Gran[23]

MEDITACIONES

LIBRO II

✦

1. Apenas amanezca, hazte en tu interior esta cuenta: hoy tropezaré con algún entremetido, con algún ingrato, con algún insolente, con un doloso, un envidioso, un egoísta. Todos estos vicios les sobrevinieron por ignorancia del bien y del mal. Pero yo, habiendo observado que la naturaleza del bien es lo bello, y que la del mal es lo torpe, y que la condición del pecador mismo es tal que no deja de ser mi pariente, participante, no de mi misma sangre o prosapia, pero sí de una misma inteligencia y de una partícula de la divinidad, no puedo recibir afrenta de ninguno de ellos, porque ninguno podría mancharme con su infamia. No puedo tampoco enojarme contra mi pariente ni aborrecerle, pues hemos sido creados para ayudarnos mutuamente, como lo hacen los pies, las manos, los párpados, los dos órdenes de dientes, el superior y el inferior. Obrar, entonces, como adversarios los unos de los otros es ir contra la naturaleza, y es tratar a alguien de adversario el hecho de indignarse o apartarse de él.

2. Todo mi ser se reduce a esto: la carne, el espíritu, la facultad rectora.[1] Renuncia, pues, a los libros. No te distraigas más tiempo —esto no te es lícito—, sino que, pensando que eres mortal, desprecia la

carne: ella no es más que fango, sangre, huesos, un manojo de nervios, una red de venas y arterias. Mira lo que es tu espíritu: viento, y no siempre el mismo, que a cada instante lo expeles para aspirarlo de nuevo. Queda, pues, en tercer lugar la recta razón. Hazte así la cuenta: eres viejo. No permitas que se la esclavice, que se la agite, como títere movido por hilos, a merced de instintos egoístas, que se irrite contra el destino presente, o que tema el futuro.[2]

3. Las obras de los dioses se presentan rebosantes de una providencia; las de la Fortuna, no dejan de depender de la misma naturaleza o de una trama y concatenación de los acontecimientos regidos por la providencia. Todo dimana de ella. Además, cuanto acontece es necesario y contribuye a la utilidad común del universo, del cual tú eres una parte. Además de esto, para cada una de las partes de la naturaleza, el bien es lo que lleva consigo la condición de la naturaleza universal y lo que se ordena para su conservación. Y el mundo se conserva, sea por la transformación de los cuerpos mixtos, sea por la de los elementos. Han de bastarte estos pensamientos como principios perpetuos. En cuanto a tu sed de lectura, deséchala, para poder morir, no refunfuñando, sino realmente resignado y con el corazón reconocido a los dioses.

4. Recuerda cuánto tiempo has diferido la ejecución de estas máximas, cuántas veces has obtenido moratorias de los dioses, sin aprovecharlas. Conviene, pues, que ahora por fin comprendas de qué universo eres parte y de qué soberano del mundo eres emanación, y que tu vida está circunscrita en un tiempo acotado. Si no aprovechas de este momento para serenar tus apetitos, pasará, y tú pasarás con él, y no volverá otra vez.

5. Afánate fijamente, a cada hora, como romano y como varón, en hacer lo que tengas entre manos, con precisa y sincera gravedad,

con amor, libertad y justicia, procurando desasirte de cualquier otra preocupación. Lo conseguirás si ejecutas cada acción de tu vida como si fuese la última, despojada de toda irreflexión y de toda apasionada aversión al dominio de la razón, sin falsedad, ni egoísmo, ni displicencia ante las disposiciones del destino. Ya ves cuán pocos son los principios que debes poseer para vivir una vida próspera y temerosa de los dioses. Que los dioses no exigirán otra cosa a quien observe estos preceptos.

6. ¡Ultrájate, ultrájate a ti misma, alma mía![3] Y no encontrarás luego la ocasión de reparar el honor que a ti misma debes. ¡Breve es la vida de todos! La tuya se te pasó casi toda, y no te aprecias cuando, por el contrario, mides tu felicidad por lo que acontece en las almas ajenas.

7. No te distraigan los incidentes exteriores. Desocúpate para aprender algo más de bueno, y cesa de andar girando como una devanadera. Conviene asimismo precaverte de otra clase de extravío. Que desvarían los que, a causa de tantos quehaceres, se hastían de la vida y no tienen blanco alguno al que dirijan todos sus esfuerzos y, en suma, sus ideas.

8. No es fácil tropezar con un hombre que sea desgraciado por dejar de entrometerse en lo que ocurre en el alma de los demás. Pero los que no escudriñan los movimientos de su propia alma, fuerza es que sean desgraciados.

9. Es menester tener siempre presentes estos principios: cuál es la naturaleza del universo y cuál es la mía; qué relación existe entre esta y aquella; qué parte del universo soy yo y cuál es el universo mismo; y que nadie te impida hablar y obrar siempre conforme con la naturaleza, de la cual eres parte.

10. Como filósofo ha juzgado Teofrasto, cuando en aquella comparación que hacía de los tipos de faltas afirma —como haría cualquiera que comparase regido por el sentido común— que las faltas cometidas por concupiscencia son más graves que las cometidas por ira.[4] En efecto, el hombre montado en cólera experimenta cierta pena y una secreta angustia de corazón al desviarse de la razón. Pero el que peca por concupiscencia, vencido por el deleite, aparenta una cierta debilidad y afeminamiento al incurrir en estas faltas. Con razón, pues, y como filósofo digno de tal nombre, Teofrasto sostiene que los desórdenes cometidos por placer son más censurables que los cometidos con dolor. Ciertamente, en el último caso el culpable parece ser un hombre provocado por la justicia y forzado a inflamarse en cólera; en el primer caso, por el contrario, es él mismo quien ha decidido ser injusto, arrastrado a obrar así por el capricho de la concupiscencia.

11. Conforma siempre tus acciones, palabras y pensamientos a la idea de que puedes salir a cada instante de la vida; por más que, si hay dioses, despedirse de los hombres nada quiere decir, pues estos no sabrían hundirte en la desgracia. Y si no los hay, o bien si no se cuidan de las cosas humanas, ¿a qué vivir en un mundo vacío de dioses o falto de providencia? Pero la verdad es que ellos existen y miran por las cosas humanas y, a fin de que no venga el hombre a incurrir en los verdaderos males, es a él mismo a quien han conferido plena autoridad. Si algo, fuera de estos males, nos fuera nocivo, los dioses se hubiesen desvelado para que cada uno de nosotros pudiera preservarse de ello.

Pero lo que no empeora al hombre ¿cómo podría empeorarle la vida? La naturaleza universal no hubiera dejado de proveer para este mal ni por ignorancia ni de propósito, como tampoco sin arbitrio, para precaverlo o corregirlo; ni por impotencia ni por incapacidad

hubiera cometido ella el grave delito de repartir los bienes en la misma medida que los males, a los buenos y a los malos, indistintamente. Pero la muerte y la vida, la gloria y la oscuridad, el dolor y el placer, la riqueza y la pobreza, todo está repartido en la misma medida, a los hombres buenos y a los malos, sin ser por ello ni cosas honestas ni torpes; luego, en rigor, no son ni bienes ni males verdaderos.

12. ¡Con cuánta velocidad se pasa todo: en el mundo, los cuerpos y, en la posteridad, su memoria! ¡De qué condición son todos los objetos sensibles y, con particularidad, aquellos que nos halagan por el placer o nos espantan por el dolor o resuenan por la vanidad a todos los vientos! ¡Cómo aparece todo vil, despreciable, basto, destructible, muerto, a las mentes capaces de percibirlo! ¿Qué son aquellos de cuyo modo de opinar y hablar depende la reputación? ¿Qué es la muerte? Pues, si se la mira aisladamente y se abstraen, por análisis de los conceptos, los fantasmas que la imaginación abulta, no se verá en ella más que un efecto de la naturaleza. Ahora bien, es evidentemente pueril temer los efectos de la naturaleza. Y no solo la muerte es efecto de la naturaleza, sino aún de su conveniencia. ¿Cómo se une el hombre con Dios y por qué parte de sí mismo, y, sobre todo, cómo está dispuesta esta parte del hombre?

13. Nada más infeliz que el hombre que lo inquiere todo girando de aquí para allá, que escruta, como dice el poeta, *«las profundidades de la tierra»*,[5] que indaga por conjeturas lo que acontece en el alma ajena, sin acabar de entender que le bastaría solo aplicarse al dios que habita en su interior y venerarle como es debido. Este culto consiste en conservarse puro de pasiones; de temeridad y de disgusto por aquello que procede de los dioses y de los hombres. Porque lo que viene de los dioses es digno de respeto por ser obra de sí virtuosa; y lo que viene de los hombres nos es querido a causa del parentesco, si

bien a veces no deja de ser, en cierto sentido, objeto de compasión, por su ignorancia del bien y del mal, ceguera no menor que la que nos impide poder discernir lo blanco de lo negro.

14. Aunque debieras vivir tres mil años y aun diez veces otros tantos, acuérdate siempre que no se pierde otra vida que la que se vive y que solo se vive la que se pierde. Así, la más larga vida y la más corta vienen a reducirse a lo mismo. El momento presente que se vive es igual para todos; el que se pierde, lo es también, y este que se pierde llega a parecernos indivisible. Y es que no se pierde el pasado ni el futuro; pues, lo que no poseemos, ¿cómo podría arrebatársenos?

Conviene tener siempre en la mente estas dos cosas: la una, que todo, desde una eternidad, se presenta con un mismo semblante y gira en la misma órbita, de modo que poco importa contemplar el mismo espectáculo cien o doscientos años, o un tiempo ilimitado; la otra, que el anciano y el que muere prematuramente experimentan la misma pérdida, puesto que solo se nos priva del presente, que es lo único que poseemos, visto que no se puede perder lo que no se posee.

15. *«Todo es opinión.»*[6] Evidentes son estas palabras enderezadas a Mónimo el cínico. Evidente también la utilidad de dicha máxima, si sabemos valernos de su agudeza sin franquear el límite de su verdad.

16. Se deshonra el alma del hombre particularmente cuando, por lo que de sí depende, viene a hacerse como un divieso o una excrecencia en el cuerpo del mundo; porque irritarse con alguno de los acontecimientos que sobrevienen es como un absceso de la naturaleza universal, de la cual participan las naturalezas de todos los otros seres. El alma se deshonra asimismo cuando se muestra adversa a algún otro hombre, o se comporta con él con intención de hacerle

mal, como acontece con las almas poseídas de ira; lo tercero, se deshonra cuando se da por vencida del dolor o el placer; lo cuarto, cuando disimula, finge y altera la verdad por obra o de palabra; lo quinto, cuando lanza su actividad o sus apetitos sin blanco fijo, y lo ejecuta todo al azar, y sin continuidad, siendo así que aun las más pequeñas acciones debieran tender a un fin propuesto. Y el fin de los seres racionales es obedecer a la razón y a la ley de la naturaleza, la más augusta de las ciudades y los gobiernos.

17. El tiempo de la vida humana es un punto; la sustancia, fluente; la sensación, oscurecida; toda la constitución del cuerpo, corruptible; el alma, inquieta; el destino, enigmático; la fama, indefinible. En resumen, todas las cosas propias del cuerpo son a manera de un río; las del alma, sueño y vaho; la vida, una lucha, un destierro; la fama de la posteridad, olvido. ¿Qué hay, pues, que nos pueda salvar? Una sola y única cosa: la filosofía. Y esta consiste en conservar el dios interior sin ultraje ni daño, para que triunfe de placeres y dolores, para que no obre al acaso, y se mantenga lejos de toda falsedad y disimulo, al margen de que se haga o no se haga esto o aquello; es más, para que acepte la parte que le toque y que se le asigna en los varios sucesos accidentales, como procedentes de aquel origen del que procede él mismo; y, en particular, para que aguarde la muerte en actitud plácida, sin ver en ella otra cosa más que la disolución de los elementos de que consta todo ser viviente. Si no hay nada temible para los mismos elementos en esta transformación incesante de uno en otro, ¿por qué temer la transformación y disolución de todas las otras cosas? Esto es conforme con la naturaleza, y nada es malo de cuanto a ella se acomoda.

En Carnunto[7]

MEDITACIONES
LIBRO III

✦

1. Conviene no solo tomar en cuenta que la vida se consume de día en día y que se acorta la parte restante. Se debe llevar más a extremo la reflexión. Aunque el hombre viviese largos años, existiría la incertidumbre de si le bastaría la igual disposición de mente en que se hallase para comprender las cosas ocurrentes y la teoría encaminada al conocimiento de las cosas divinas y humanas. Por más que empiece a mostrar una lucidez marchita, no le habrán de faltar, sin duda, la respiración, la nutrición, la imaginación, los movimientos y las otras funciones de este orden; pero el vigor para disponer de sí mismo, para cumplir perfectamente con sus deberes morales, para analizar sus pensamientos, para resolver también si es ya tiempo de abandonar este mundo y para entregarse a todas las actividades que requieren una razón ejercitada, en conjunto ya con anterioridad se extingue. Conviene, pues, apresurarse, no solo porque por momentos se avecina uno a la muerte, sino porque se pierde de antemano el conocimiento y la reflexión de las cosas que acontecen.

2. Ni dejan, además, de ser dignas de consideración verdades como esta: hasta aquellas cosas que se sobreponen a las obras naturales

tienen siempre un no sé qué de gracia y atractivo peculiar. Así, el pan que se cuece se agrieta en determinados lugares, y las hendiduras así formadas, contrarias a lo que prometía el arte del panadero, ofrecen un cierto placer y excitan por modo particular el apetito. Del mismo modo, los higos, en plena sazón, se entreabren, y las aceitunas, reventadas de maduras, próximas a la corrupción, añaden al fruto una belleza especial. Igualmente, las espigas que se doblan hacia la tierra, los pliegues que surcan la frente del león, la espuma que mana del hocico del jabalí y muchas otras cosas, miradas en sí mismas, no ofrecen ninguna hermosura a la vista, pero por ser añadiduras que acompañan a las obras de la naturaleza contribuyen a su embellecimiento y atractivo.

De igual modo, si está el hombre dotado de sensibilidad y de inteligencia, y es capaz de fijar altamente la consideración en cuanto pasa en el mundo, no encontrará acaso nada, ni aun en lo que acontece como adición natural, que no suponga una gracia característica. No se complacerá menos al ver en la realidad las fauces abiertas de las fieras que en cuantas imitaciones nos presentan los escultores y los pintores. Con sus ojos perspicaces podrá hasta descubrir cierta madurez y sazón en la mujer y el hombre de mucha edad, como cierto hechizo en los niños. Otros muchos casos análogos se encontrarán, no del gusto de todos, mas sí del hombre que se ha hecho verdaderamente familiar de la naturaleza y sus obras.

3. Hipócrates, después de curar muchas enfermedades, al cabo cayó enfermo él mismo y murió. A muchos habían predicho los caldeos la muerte y no por esto dejó de llegarles también su día y destino. Alejandro, Pompeyo y Cayo César, después de haber tantas veces destruido hasta los cimientos ciudades enteras y haber triturado en el campo de batalla millaradas de elefantes y jinetes, también ellos, al fin, perdieron la vida. Heráclito, luego de tan prolijos estudios

sobre el último incendio del mundo, enfermo de hidropesía y recubierta de inmundicias la piel, murió. Murió Demócrito comido de piojos; y piojos, bien que de otra casta, quitaron la vida a Sócrates.[1] ¿A qué todo esto? Te embarcaste, hiciste el viaje, llegaste al puerto: ¡desembarca! Si es para entrar en una nueva existencia, no echarás de menos a los dioses. Si es para quedar del todo insensible, cesarás en los dolores y los placeres, librándote de servir a un envoltorio corporal tanto más vil cuanto más le sobrepasa la parte esclavizada:[2] esta es inteligencia y divinidad; aquel, fango y sangre impura.

4. No malogres la parte de vida que te queda en averiguar vidas ajenas, a no ser que te propongas algún fin útil a la comunidad. Te privas ciertamente de cumplir tu deber al revolver en tu imaginación lo que hace fulano y por qué lo hace, qué dice, qué piensa, qué trama y otras ocupaciones de esta índole que te distraen de la consideración de tu facultad rectora. Conviene, pues, no ensartar en la cadena de nuestros pensamientos lo que es temerario y vano, y más especialmente, lo fútil y lo malvado. Hay que avezarse, además, a tener solo ideas tales que si alguien de repente te preguntase con brusquedad «¿En qué piensas ahora?», pudieras responder al instante, con toda franqueza: «En esto» o «En aquello». Se dejará ver entonces, pronto y evidentemente, que todo lo tuyo es simple, bondadoso, digno de un ser sociable e indiferente a los placeres y, en su conjunto, a las ideas de una vida voluptuosa; un ser que no abriga envidia, celos, desconfianza u otra pasión por la cual te fuera preciso avergonzarte al manifestar que la posee tu ánimo.

El hombre que se muestra tal y que, sin más pruebas, pretende ser reputado ya por varón perfecto, viene a ser como un sacerdote y ministro de los dioses, consagrado al culto del numen que mora en su interior; y esto conserva al hombre puro de las manchas de la voluptuosidad, invulnerable a todo dolor, intangible a toda injuria, inaccesible a toda perversidad, atleta en la lucha más gloriosa, la que resiste al ataque de toda pasión, impregnado, hasta lo más hondo, de justicia, encariñado de todo su corazón con los acontecimientos y con cuanto integra su ser, rara vez entrometido, y nunca sin necesidad absoluta y utilidad común, en lo que pueda otro decir, hacer o pensar. No pone en práctica más que su tarea estricta y piensa sin cesar en la parte que le cabe en el repartimiento de destinos en el universo: y así cumple, en lo uno, con su deber y se persuade, en lo otro, que son buenas las disposiciones. Pues el destino otorgado a cada uno está involucrado en el conjunto de las cosas, al mismo tiempo que las involucra él mismo. Tiene él también presente que todos los seres razonables participan de un común parentesco, que es conforme a la naturaleza humana el preocuparse por todos los hombres, pero de modo que no se acoja uno al aplauso del vulgo, sino únicamente al de aquellos que viven de acuerdo con las leyes de la naturaleza. Respecto de los que viven diversamente, no deja de traer al pensamiento cómo se portan en casa y fuera de ella, de noche y de día, y con quiénes se mezclan; no toma en consideración, pues, la aprobación que pueda venir de tales individuos, que ni de sí mismos están satisfechos.

5. Al hacer algo, que no sea de mal grado, ni sin respeto al bien común, ni sin previo examen, ni braceando en sentido opuesto. No adorne la extremada finura tu pensamiento. Habla poco, abraza pocos negocios. Además, que el dios que mora en ti, sea guía de un varón grave, respetable, consagrado al Estado, que sea un romano y un príncipe, capaz de perfeccionarse a sí mismo, como sería el hombre que aguardara la señal de retirada de la vida, expedito para obedecer, sin necesidad de juramento o de testigo alguno. A más de esto, mantén un semblante placentero, desembarazado de todo ministerio externo y de toda tranquilidad procurada por los otros. Conviene, pues, mantenerse recto sobre sí, sin necesidad de ser enderezado.

6. Si hallas en el discurso de la vida humana un bien superior a la justicia, a la sinceridad, a la cordura, al valor y, para decirlo de una vez, al bien de una inteligencia complacida en sí misma —en cuanto conforma tu conducta con la recta razón— y satisfecha de su destino, por lo que toca a las cosas espontáneamente repartidas al azar; si hallas, digo, un bien de mejor condición, abrazándolo con toda el alma, disfruta enhorabuena de este bien supremo que descubras. Pero si no descubres cosa alguna más excelente que este numen que en ti ha establecido su morada, que tiene a raya los instintos personales, que vigila las ideas, que se desprende, como decía Sócrates,[3] de los halagos de los sentidos, que se subordina a los dioses y tiene en cuenta al prójimo; si hallas que toda otra cosa, frente a él, es mezquina y sin valor, no des cabida en ti a otro afán, puesto que, una vez te hubieses rendido e inclinado hacia este, no podrías sin marcada violencia dar el primer lugar a aquel bien supremo, propiamente tuyo. No es conforme a justicia, en efecto, que se oponga al bien propio de la razón y de la sociedad nada que sea extraño a su naturaleza, como el aplauso de la turba, el poder, la riqueza, el goce de los placeres. Todas estas cosas, aunque parezcan momentáneamente convenientes a la naturaleza, se enseñorean luego de nosotros y nos arrastran a la deriva. Tú, repito, escoge de buena fe y libremente lo mejor y afírmate en ello. «Pero lo mejor es lo útil.» Si se trata de tu utilidad como ser razonable, pugna por mantenerte en ella. Pero si no atañe más que a tu apetito, manifiéstalo y, sin orgullo, conserva un juicio recto. Procura sencillamente hacer sin tropiezos este examen interior.

7. Nunca juzgues útil para ti mismo lo que tal vez te obligue algún día a quebrantar la palabra dada, a renunciar al pudor, a odiar, recelar, imprecar, disimular o desear lo que solo puede hacerse a puertas cerradas y tras las cortinas. Pues el hombre que a todo

antepusiese su inteligencia, su Genio interior y los ritos del culto debido a la gloria de esta, ese hombre no representará una tragedia, no se entregará al llanto, prescindirá tanto de la soledad como de la muchedumbre. Y lo que es más, vivirá sin aprestarse y sin huir de la muerte. No se inquietará por gozar, durante un intervalo más o menos largo de tiempo, de este soplo que rodea su cuerpo. Que, aunque conviniese desprenderse de él al mismo punto, marchará tan ágilmente como haría en cualquiera otra de las funciones de la vida: moderada y decorosamente. La sola cosa que procura durante toda su vida es preservar su inteligencia de una deformación contraria a la naturaleza de un ser inteligente y sociable.

8. En la inteligencia del hombre que se ha corregido y depurado nada podría encontrarse infeccioso, manchado ni purulento. Su vida no está por llegar al término de la perfección cuando se la arrebata el destino, como se diría del actor trágico que se retirara sin haber terminado el papel hasta el desenlace. Además, nada hay servil en él, ni afectado, ni excesivamente postizo o disociado, nada sujeto a cuentas, ni encubierto.

9. Reverencia la facultad opinativa. Todo depende de ahí, para que jamás se introduzca en tu recta razón una opinión repugnante con la naturaleza y con la constitución del ser racional. Esta facultad anuncia los peligros de la imprevisión en el juzgar, las buenas relaciones con los hombres y la obediencia a los dioses.

10. Desechado, pues, de ti todo otro cuidado, pon solo la atención en unos pocos preceptos. Y acuérdate de que cada uno no vive más que el presente, el instante fugaz. El resto de la vida, o ya se ha vivido o es incierto. Brevísimo es, pues, el instante que cada uno vive, brevísimo el espacio donde habita, brevísima la fama de la posteridad.

Y aun esta no existe más que por una sucesión de hombrecillos que morirán muy en breve, que no se conocen a sí mismos y todavía menos al hombre que murió tanto antes.

11. A los avisos anteriores debe agregarse aún otro: fijar y describir siempre el objeto cuya imagen se presenta al espíritu, de suerte que se lo vea lúcidamente, tal como es por naturaleza, desnudo, uno bajo diversos aspectos;[4] y decir su nombre preciso y los nombres de los elementos que lo forman y en los cuales se desintegrará. Nada, en efecto, contribuye a la grandeza del ánimo como poder comprobar con orden y exactitud cada uno de los objetos que se presentan en la vida, y verlos siempre en tal conformidad que se conozca al mismo tiempo a qué clase de universo aporta cada uno utilidad, y cuál, qué valor tiene en relación con la colectividad, y cuál respecto al hombre, siendo este ciudadano de la más excelsa de las ciudades, junto a la cual esas otras ciudades de acá son como simples casas; qué es y de qué principios se compone, y cuánto tiempo debe naturalmente durar este objeto que ahora me configura la imaginación, y qué virtud necesito para hacerme con él, sea la mansedumbre, el valor, la sinceridad, la buena fe, la sencillez, la suficiencia u otras.

Por lo mismo, conviene decir en cada acontecimiento particular: esto procede de la mano de Dios; aquello, del enlace y tupida trama de los hechos, y del encuentro producido por tal coincidencia o por el acaso de la Fortuna; eso otro proviene de un ser de mi mismo linaje, pariente y compañero mío, que ignora lo que le corresponde según los derechos de la naturaleza. Yo, en cambio, no lo ignoro: por esto le trataré según la ley natural de la colaboración común, con benevolencia y justicia; si bien, al mismo tiempo, no perderé de vista en estas cosas indiferentes[5] de la vida el grado correspondiente de su valor.

12. Si ejecutas la acción presente siguiendo la recta razón, celosamente, con firmeza, benevolencia y sin preocupación superflua, antes bien, conservando tu Genio constantemente puro, como si debieras restituirlo al punto; si añades la condición de no esperar nada ni nada evitar, dándote por satisfecho con el trabajo presente conforme a la naturaleza y, en cuanto digas o propongas, con una sinceridad heroica,[6] vivirás feliz. Y nadie podrá impedírtelo.

13. Al modo que los cirujanos tienen siempre a mano los aparatos y los hierros de su profesión para los servicios urgentes, así deberás tú tener a punto los principios para poder entender las cosas divinas y humanas, y para efectuar cada una de tus acciones, hasta las más pequeñas, en tal conformidad, recordando la conexión recíproca de ambos órdenes de cosas; por lo que no harás cosa alguna en beneficio de los hombres si no lo relacionas con las cosas divinas, ni al contrario.

14. No vagabundees más. Que no has de tener tiempo para releer tus notas, ni las antiguas historias de los romanos y los griegos, ni extractos de tratados que habías reservado para tu vejez. Apresúrate, pues, en llegar al fin; despídete de las vanas esperanzas y mira por tu bien, si tienes en cuenta lo tuyo, hasta que sea posible.

15. No se conocen todas las acepciones de *hurtar, sembrar, comprar, reposar, percatarse de lo que se debe hacer*; y esto no se puede ver con los ojos, pero sí gracias al otro sentido de la vista interior.

16. Tenemos cuerpo, alma, inteligencia. Del cuerpo son las sensaciones; del alma, los instintos; de la inteligencia, los principios. De recibir impresiones por medio de las ideas de los objetos, los mismos brutos son capaces. De ser impetuosamente agitados, como

títeres, por los instintos, también las fieras, los andróginos, los Falarios,[7] los Nerones son capaces. De tomar la inteligencia por guía de lo que parecen deberes, también son capaces los que no veneran a los dioses, los que traicionan a su patria y cometen toda clase de infamias a puertas cerradas. Si, pues, todo esto es común a los seres mencionados, la prerrogativa del hombre virtuoso es acoger con amor y satisfacción lo que sobreviene y se entrelaza con la vida, y no envolver y turbar con un tropel de ideas al Genio que ha tomado asiento en su corazón; sino vigilarlo para que se conserve satisfecho, que obedezca como conviene a Dios, sin decir una palabra opuesta a la verdad, ni hacer nada contrario a los derechos de la justicia. Si los hombres rehúsan creer que vive ese Genio con simplicidad, modestia y buen ánimo, él no no se enoja con nadie ni se desvía del camino que conduce al término de la vida, que se debe esperar puro, tranquilo, despejado, adaptado sin rechazo alguno a su suerte.

MEDITACIONES

LIBRO IV

✦

1. El dominio interior del hombre, cuando va bien concertado con la naturaleza, adopta respecto a los acontecimientos una posición tal que en todo momento puede modificarla fácilmente, a tenor de las circunstancias. No tiene preferencia por ninguna materia determinada. Se dirige a los objetos principales, aunque con la debida reserva, y si alguno se le opone, lo convierte en materia propia de virtud, no de fuego que, de otra manera, se apodera de los cuerpos que se lanzan a él. Una pequeña mecha se apagaría, pero un fuego vehemente asimila pronto cuanto se le arroja, que se convierte en llama, y se levanta así más alto.

2. No ejecutes ninguna acción al azar ni de otro modo que no sea con una exacta conformidad con los preceptos del arte.

3. Se buscan para solaz el campo, la playa, la montaña; lugares que tú mismo acostumbras a desear con el más vivo anhelo. Todo esto denota vulgaridad de espíritu, teniendo uno en su mano, a cualquier hora, el retirarse en sí mismo. En ningún lugar encuentra el hombre refugio más apacible, más tranquilo, que en su propia alma,

sobre todo cuando atesora aquellos bienes que, con una sola ojeada, nos devuelven en seguida la libertad del espíritu, y lo que yo llamo libertad de espíritu no es otra cosa que el estado de un alma bien ordenada. Concédete, pues, constantemente, este descanso y rehazte con él. Tendrás para ello ciertas máximas breves y elementales que, prontamente reducidas a la memoria, te borrarán toda pesadumbre y te restituirán libre de enfado a tus funciones habituales. Porque ¿qué cosa no puedes soportar con paciencia? ¿La ruindad de los hombres? Recuerda a este respecto que los seres razonables nacieron el uno para el otro, que de justicia deben sufrirse mutuamente, que sus faltas son involuntarias. Piensa en los que, heridos de muerte, dados a la enemistad, al odio, traspasados por la lanza, están tendidos en la tumba, reducidos a cenizas. ¡Cálmate, pues!

Pero ¿llevas pesadamente acaso la parte que de la totalidad te fue asignada? Ten presente la alternativa: tanto si lo dirige una providencia como si lo dirige el concurso fortuito de los átomos, recuerda las pruebas por las cuales se demuestra que el mundo es como una ciudad.

Pero ¿te habrán quizá dominado los intereses corporales? Recuerda que la inteligencia no forma alianza con las agitaciones, suaves o violentas, del soplo vital, una vez ella se recobra y reconoce su poder; reflexiona, en fin, sobre cuanto aprendiste y aceptaste acerca del dolor y el placer.

Mas ¿te atormentará por ventura la pequeña ambición? Dirige los ojos al olvido en que caen rápidamente todas las cosas y al abismo de la eternidad, por una y otra parte infinito; a la vanidad del aplauso ruidoso; a la versatilidad y arbitrariedad de los que al parecer nos favorecen con su aplauso; a los límites exiguos en que se circunscribe la fama. Toda la tierra es como un punto, y ¿qué rincondito de este es habitado? Y allí, ¡cuántos hombres y qué suerte de hombres te ensalzarán!

Te resta, pues, que te acuerdes del reposo del que puedes disfrutar en este pedazo de tierra que te pertenece. Sobre todo, no te agites ni pongas sobrado empeño por cosa alguna. Sé libre y examina todas las cosas como varón fuerte, como hombre racional, como ciudadano, como quien vive para morir. Entre las máximas de que debes echar mano, ante las cuales te inclinarás, figuran estas dos: la una, que las cosas mismas no llegan al alma, sino que permanecen en el exterior, inamovibles; las inquietudes provienen únicamente del modo que interiormente tienes de opinar. La otra, que todo cuanto divisas, en un abrir y cerrar de ojos, va a transmutarse, cesará de existir. ¡De cuántas cosas has presenciado ya tú mismo las transformaciones! Piénsalo constantemente. *«El mundo es una mutación continua; la vida, una imaginación.»*[1]

4. Si la inteligencia es un bien común, la razón que nos hace seres razonables es común también; admitido esto, nos es también común esta razón práctica que prescribe lo que se debe o no se debe hacer. Si esto es cierto, a todos nos comprende una ley común; y si nos comprende, somos todos conciudadanos. Si ello es cierto, formamos todos parte de un mismo cuerpo político. Consecuentemente, el mundo viene a ser un Estado universal. Y, si no, ¿de qué otro cuerpo político se dirá que forma parte el linaje humano? De arriba, sin duda, de esta ciudad común, procede la inteligencia misma, la razón y la ley. Y, si no, ¿de dónde? Efectivamente, así como la parte terrestre que tengo en mí proviene del elemento de la tierra, la parte líquida, de otro principio; la aérea, de otra fuente; la cálida e ígnea, de otro origen que le es propio —que nada viene de la nada y nada va a parar a la nada—, así también de alguna parte nos viene el principio intelectivo.

5. La muerte, lo mismo que la generación, es un misterio de la naturaleza. La última es la condensación de los mismos elementos que

en la otra se disuelven. En suma, nada hay allí que deba avergonzarnos, pues no se halla en ellas cosa que no sea conforme a la condición del ser intelectivo ni a la causa de su constitución.

6. Estas cosas, siendo tales los hombres, deben producirse naturalmente así, por necesidad. Negar esto equivale a negar que tenga leche la higuera. En suma, acuérdate que en brevísimo tiempo tú y él moriréis; y, al poco, ni aun de vuestro nombre quedará memoria.

7. Expulsa de ti la opinión y se suprimirá la queja: «Se me ha infamado». Suprime esta queja, y se suprimirá toda injuria.

8. Lo que no empeora al hombre no empeora tampoco su vida, y no le acarrea mengua alguna, ni exterior ni interiormente.

9. La naturaleza de lo útil es producir necesariamente este efecto de la utilidad.

10. Todo lo que ocurre, ocurre con razón. Lo descubrirás si fijamente lo observas. No digo solo que todo viene en fuerza de las consecuencias, pero también con relación a la justicia, y como si alguien distribuyera a cada cual las recompensas según su merecido. Sigue, pues, observando como has empezado, y todo cuanto hagas hazlo con la intención de ser un hombre de bien, según la idea específica que suele formarse del hombre recto. Practica esta regla en todas tus acciones.

11. No te mires las opiniones por el lado por el que las juzga verdaderas el insolente, o por el lado por el que pretende que tú las veas; antes examínalas en sí mismas como son en realidad.

12. Conviene tener siempre muy presentes estas dos reglas de conducta: la primera, hacer solo lo que en favor de los hombres te dicte la razón del poder real y legislativo; la otra, sumarte a otra resolución si se presenta alguien que te instruye y te hace apear de tu opinión. Bien entendido empero que esta mutación de sentencia debe tener siempre como causa ciertos visos de verdad probable o de utilidad pública; y tales deben ser únicamente los motivos determinantes, nunca la apariencia de que esto sea agradable o ambicioso.

13. ¿Te hallas dotado de razón? «Sí.» Luego, ¿por qué no usas de ella? Si cumple su función, ¿qué otra cosa pretendes?

14. Subsistes ahora como una parte del universo. Te desvanecerás luego, resuelto en tu germen primitivo, o, más propiamente, te reasumirá, por transformación, aquella razón generatriz.

15. Muchos grumos de incienso se colocan sobre un mismo altar: los unos caen antes, los otros después. Pero este orden de caída nada importa.

16. No habrán pasado diez días y ya parecerás un dios a quienes ahora no pareces más que una bestia y un mono si te das a tornar a los principios y al culto de la razón.

17. No obres como quien ha de vivir diez mil años. Lo irreparable está ya suspendido encima de ti. Mientras vives, mientras es aún posible, sé hombre de bien.

18. ¡Cuánta holgura se logra si no se mira lo que el vecino dijo, hizo o pensó, sino lo que hace uno mismo, para que también esta acción sea justa, santa y conforme con el bien! No observes los malos

caracteres, sino lleva adelante tu camino hacia el fin, sin mirar acá ni allá, por los lados.

19. El que anda alucinado por la gloria póstuma no se imagina que cada uno de los que se acuerden de él morirá también muy en breve; después, a su vez, morirá quien lo reemplace, hasta que todo su recuerdo se haya extinguido, pasando de uno al otro, como luces que se encienden y se apagan. Demos empero que sean inmortales los que se acuerden de ti, e inmortal la memoria: ¿qué parte tendrás tú en ello? No digo que al muerto de nada le sirva; pero, al viviente, ¿de qué le sirven las alabanzas si no se tiene la mira en alguna utilidad de gobierno?[2] Abandona, pues, ahora como intempestivo este afán que te priva de cuidar tus dotes naturales, pendiente como estás de la opinión ajena.

20. Por lo demás, todo lo honesto de alguna manera es honesto en sí mismo, encierra en sí su bondad, sin tener la alabanza como parte integrante de su ser. El objeto que uno alaba no se hace, pues, ni mejor ni peor. Esto mismo digo de aquellas cosas que son estimadas como bienes, como los objetos materiales y los productos de la industria. Lo que sea naturalmente bueno, ¿qué otra cosa necesita? ¿Acaso sí la necesita la ley, la verdad, la benevolencia, el pudor? ¿Cuál de estas virtudes es buena por el hecho de ser alabada, o cuál, por ser criticada, se deteriora? ¿Pierde valor la esmeralda porque no se la elogie? Y ¿el oro, el marfil, la púrpura, la lira, la espada, la florecilla, el árbol?

21. Si las almas sobreviven al cuerpo, ¿cómo puede desde la eternidad contenerlas el aire? ¿Y cómo puede la tierra contener los cuerpos de los que se inhumaron después de tantos siglos? Así como aquí abajo los cuerpos, después de haber subsistido por algún tiempo,

se transforman y se disuelven para dejar sitio a otros cadáveres, del mismo modo las almas traspasadas a la región del aire, después de haber permanecido en ella por algún tiempo, se transforman, se disipan y se abrasan en la razón generatriz universal, que las recibe de nuevo, y de esta manera dejan sitio a las otras almas que van a establecerse en sus parajes. He ahí lo que podría contestarse en la hipótesis de que las almas sobrevivan a los cuerpos. Y no conviene considerar solamente la muchedumbre de cuerpos que en esta forma son sepultados, sino también la de aquellos animales de que a diario nos nutrimos y las demás especies. ¡Cuán grande es el número de seres que así se consumen y tienen como tumba, en cierto modo, el cuerpo de aquellos a quienes sirven de alimento! Y, en tanto, hay lugar para ellos, porque pasan a la sangre y se transforman en aire o en fuego.

¿Cómo llegar, a este propósito, al conocimiento de la verdad? Distinguiendo la materia y la causa formal.[3]

22. No te dejes arrastrar por el torbellino de las pasiones; antes bien, a todo ímpetu del instinto ofrece lo que de justicia le toca; ante toda aprensión de la fantasía, conserva la facultad de pensar.

23. Me avengo, oh naturaleza del mundo, a todo lo que a ti te acomode. Nada es para mí temprano o tardío si para ti es sazonado. Cuanto llevan tus estaciones, oh naturaleza, todo es para mí fruto regalado. De ti viene todo, todo está en ti, todo vuelve a ti. Si el otro dice: *«Oh querida ciudad de Cécrope»*,[4] ¿no dirás tú: «Oh querida ciudad de Zeus»?

24. *«Trata poco de negocios* —dice el otro— *si quieres conservarte en buen ánimo.»*[5] ¿No fuera acaso mejor cargar con los negocios necesarios y con cuanto dicte la razón del ser naturalmente sociable, y de la manera que lo dicte?

De esta suerte cosecharás, no solo el buen ánimo que deriva del deber cumplido, sino el que proviene de una actividad moderada. En efecto, no siendo indispensables la mayor parte de nuestras palabras y de nuestras acciones, si se las cercenara se gozaría de más holgura y tranquilidad. De donde se colige que es muy del caso reflexionar en toda ocasión: ¿será esta una de aquellas cosas innecesarias? No solamente conviene cercenar aquellas acciones que no son necesarias, sino también las ideas. De esta forma, no serían superfluas muchas de las obras que ciertas ideas llevan consigo.

25. Examina cómo te va en la profesión de hombre de bien, de hombre que acepta de buen grado la parte que le toca de las disposiciones universales, satisfecho por la práctica de la justicia y con una actitud de ánimo llena de benevolencia.

26. ¿Has entendido esas cosas? Atiende, pues, a estas otras. No te perturbes; simplifícate a ti mismo. ¿Se equivoca alguno? Sobre su cuenta y contra sí mismo se equivoca. ¿Te acontece algo bueno? Bien: todo ello estaba previsto desde el principio, urdido en la trama de tu vida. En suma, breve es la vida. Conviene aprovechar el presente, usándolo con reflexión y justicia. Si te relajas, sea sobriamente.

27. Es preciso que el mundo sea, o bien un sistema minuciosamente ordenado, o una masa que se ha amontonado sin orden. ¿Podrá darse que subsista en ti un cierto orden, y reine el desorden en este todo del universo? ¡Y esto cuando todo está bien combinado, bien compenetrado y coherente!

28. Carácter sombrío, carácter afeminado, carácter testarudo, salvaje, bestial, pueril, muelle, falso, truhan, traficante, tiránico.

29. Si es extranjero en el mundo quien ignora lo que tiene en sí mismo, no es menos extranjero quien desconoce lo que en él pasa. Será un desterrado el que huye de la razón social; ciego, el que tiene cerrados los ojos de la inteligencia; mendigo, el que necesita de otro y no posee en sí mismo todo lo que es útil para la vida. Es una postema del mundo el que renuncia y se aparta de lo que prescribe la razón de la naturaleza universal por el hecho de desazonarse ante los acontecimientos; siendo así que los produce aquella misma causa que te produjo a ti. Es, en fin, un miembro amputado de la sociedad quien separa su alma de la de los seres racionales, que es esta una misma para todos.

30. El uno, sin túnica, hace profesión de filósofo; el otro, sin libro; aquel, medio desnudo. *«No tengo pan* —dice uno—, *pero permanezco fiel a la razón.»* Y yo, por mi lado, carezco de los medios correspondientes al ejercicio de mi enseñanza, y persevero fiel a la misma razón.[6]

31. Acepta el arte que has aprendido, y gózate en él. Y lo que te reste de vida pásalo como quien lo confía todo, desde lo profundo del alma, a los dioses, sin hacerse tirano ni esclavo de nadie.

32. Ponte a pensar, por ejemplo, en los tiempos de Vespasiano. Verás lo que hoy: gentes que se casan, forman una familia, enferman, mueren; guerrean, celebran fiestas, trafican, cultivan la tierra, adulan, se ensoberbecen, recelan, intrigan, desean que otros mueran, refunfuñan contra el presente, andan enamorados, atesoran, ambicionan el consulado, el imperio. Pues bien, toda esta generación ya desapareció.

Pasa, ahora, a la época de Trajano. ¡Se repiten los mismos afanes, y desaparece asimismo esta generación! Considera también y mira las características de otras épocas y pueblos enteros: ¡Cuántos hombres, después de haberse afanado, cayeron muy en breve y se desintegraron en sus elementos!

Particularmente conviene que hagas memoria de aquellos que tú mismo has conocido, cuando se afanaban inútilmente y olvidaban hacer lo que se conformaba con su propio estado, perseverando invariablemente y satisfaciéndose con ello. Conviene, del mismo modo, recordar que el esmero aplicado a cada acción en particular debe corresponder al valor propio y a su justa proporción. De esta guisa, no te descorazonarás, a menos que te hayas entretenido en nimiedades más de lo que convenía.

33. Las palabras antaño corrientes no son hoy más que términos del diccionario. De la misma suerte, los nombres de los héroes más celebrados en otros tiempos no son, en cierto sentido, más que vocablos caducados: tales son Camilo, Cesón, Voleso, Leonato;[7] dentro de poco, Escipión y Catón; luego, Augusto, Adriano, Antonino. Todo pasa, y presto no es más que un nombre fabuloso; pronto lo sepulta el más completo olvido. Y hablo de los que en cierto modo han despedido alguna maravillosa lumbre; porque los otros, desde su último aliento, *«son desconocidos y silenciados»*.[8]

¿Y qué es, en sustancia, el recuerdo inmortal? Solo el vacío. ¿A qué cosa, pues, aplicar las propias solicitudes? A esto, únicamente: a pensamientos rectos, a una conducta enderezada al bien común, a un lenguaje incapaz de engañar nunca a nadie, a una buena disposición de ánimo en abrazar todo lo que acontezca, como necesario, como cosa sabida, derivada del mismo principio y de la misma fuente.

34. Abandónate de todo corazón a Cloto:[9] déjala tejerte la vida con los acontecimientos que le plazcan.

35. Todo es efímero: tanto el que sugiere un elogio como el mismo objeto que lo inspira.

36. Considera de continuo que todo lo que nace se hace por transformación, y acostúmbrate a pensar que la naturaleza universal nada ansía tanto como cambiar las cosas existentes para formar otros seres semejantes. Todo ser, en cierto modo, es el germen de otro que de él ha de surgir. Pero tú no sueles imaginarte más semillas que las que se echan en la tierra o en la matriz, y esto es ser demasiado ingenuo.

37. Habrás ya vivido mucho, y no acabas aún de ser sencillo, ni imperturbable, ni confiado para comprender que nada exterior puede dañarte, ni benévolo hacia todos, ni cifras aún la sabiduría en la sola práctica de la justicia.

38. Mira con atención los principios que guían a los sabios, qué cosas evitan y cuáles desean alcanzar.

39. Ningún mal puede sucederte que provenga de un principio rector ajeno, como tampoco de una alteración o transformación de tu ambiente. ¿De dónde penderá, entonces? De aquella aprensión de los males que en ti mismo tienes. Desecha, pues, esta opinión, y todas las cosas te irán bien. Hasta si tu cuerpo, el vecino más allegado al alma, fuere sajado, quemado, invadido por el pus o la gangrena, a pesar de todo, la parte que lo juzga habría de perserverar tranquila. Quiero decir, persuádete que no es ni bueno ni malo lo que puede ocurrir al hombre malo y al bueno, que lo que sobreviene tanto al que vive contra la naturaleza como al que vive según ella, esto no está, sin duda, ni de acuerdo ni en desacuerdo con la misma naturaleza.

40. Conviene tener siempre en la mente que el mundo es como un ser animado, que contiene una substancia única y un alma única; pensar cómo todo acaba en una misma percepción, la suya; cómo lo hace todo con un solo ímpetu inicial; cómo concurre con las demás causas particulares a todos los efectos que se producen, y, por último, cuál es la dependencia y enlace complejo de todas las cosas entre sí.

41. *«No eres más que una pobre alma, que arrastra un cadáver»*,[10] como decía Epicteto.

42. Las cosas que se hallan a punto de cambiar no experimentan ningún mal, como tampoco a las que nacen de esta mutación les viene bien alguno.

43. El tiempo es como un río o un raudo torrente, que arrastra los acontecimientos. Apenas una cosa salta a la vista, es arrastrada; aparece otra a su vez, y es arrastrada con igual prontitud.

44. Todo lo que acontece es tan común y habitual como la rosa en la primavera y los frutos en el verano; así también es la enfermedad, la muerte, la calumnia, la traición y cuanto alegra o aflige a los necios.

45. Los sucesos posteriores tienen siempre con los precedentes un lazo de coherencia. No son como una serie de enumeraciones aisladas, que solo concurren por necesidad. Antes bien, es una concatenación lógica. Y así como los seres están ordenados con la debida armonía, del mismo modo los acontecimientos manifiestan, no una mera sucesión, sino una trabazón de unos con otros.

46. Acuérdate de tener siempre presente este pasaje de Heráclito: *«La muerte de la tierra es convertirse en agua; la muerte del agua, es*

transmutarse en aire; la del aire, hacerse fuego, y al contrario».[11] Acuérdate asimismo de aquel hombre que se olvidó del camino por donde debía ir. Y también, de esto: *«Por constantes que sean las relaciones con la razón, que todo lo gobierna, no pueden los hombres entenderse con ella; y lo que presencian todos los días se les antoja extraño».*

Y a más, de esto: *«No es conducente el obrar y el hablar como quien sueña»*, que también al soñar nos parece que mucho hacemos y hablamos, *«ni imitar la conducta de los muchachos»*, esto es, siguiendo a ciegas una tradición rutinaria.

47. Si alguno de los dioses te hubiere dicho que mañana o, a lo más, pasado mañana habías de morir, no pondrías mayor empeño en morir más bien dentro de dos días que mañana mismo, a menos que te dominara la más extrema cobardía. Porque ¿qué viene a ser esta diferencia?

Del mismo modo, no creas que sea más ventajoso morir al cabo de muchos años que mañana mismo.

48. Pondera sin cesar cuántos médicos murieron, después de haber tantas veces fruncido el ceño sobre sus enfermos; cuántos astrólogos que reputaban maravilla el predecir la muerte a otros; cuántos filósofos, después de miles de controversias sobre la muerte y la inmortalidad; cuántos príncipes, después de ocasionar la muerte a tantos hombres; cuántos tiranos que, a título de una pretendida inmortalidad, han abusado con pasmosa altivez de su poder sobre las vidas humanas. ¡Cuántas ciudades han muerto, por así decirlo, enteramente: Hélice, Pompeya, Herculano y otras sin número![12] Pasa revista, uno tras otro, a cuantos tú mismo has conocido. Este, después de haber prestado sus postreros servicios a aquel, fue colocado él mismo en el lecho fúnebre por otro, y a este tocó también su turno. ¡Y todo esto en cuán breve tiempo! En una palabra, considera

siempre las cosas humanas como efímeras y ruines: lo que era ayer un poco de humor, será mañana momia o ceniza. Esta infinita brevedad del tiempo, vívela, pues, conformándote con la naturaleza y termina tu vida con agrado; al modo que la aceituna, llegada a sazón, cae bendiciendo a la tierra que la sostuvo y dando gracias al árbol que le dio savia.

49. Haz como el peñasco batido sin cesar por las olas, que permanece inmóvil y a su alrededor desmaya la efervescencia de las aguas.

«¡Infeliz de mí —dice uno—, porque tal cosa me aconteció!» No, al contrario: «Dichoso yo, porque habiéndome ocurrido esto, continúo sin pena alguna, ni quebrantado por lo presente ni amedrentado por lo venidero. Una semejante desgracia hubiera podido ocurrir a cualquier otro; y este no hubiera sabido continuar, como yo, sin apenarse». ¿Y por qué será la adversidad un infortunio más bien que una ventura? ¿Es que llamas «infortunio del hombre» lo que no se desvía de la intención de la naturaleza humana? ¿Y te parece por ventura desvío de la naturaleza humana lo que no se opone a los designios de la misma naturaleza? ¿Cómo? Conoces ya estos designios. Entonces, lo que te ocurre ¿te impide ser justo, magnánimo, cuerdo, sensato, prudente, leal, circunspecto, libre y que poseas las demás virtudes que, reunidas, constituyen la característica de la naturaleza humana? Acuérdate, en suma, de usar de este principio ante cualquier accidente capaz de contristarte: esta adversidad no es un infortunio, mas soportarlo noblemente es una suerte.

50. Un remedio sencillo, y al mismo tiempo eficaz, para llegar al menosprecio de la muerte es pasar revista a los que se empeñan en asirse obstinadamente a la vida. ¿En qué han aventajado a los que fenecieron prematuramente? De todos modos, en algún sepulcro yacen tendidos Cadiciano, Fabio, Juliano, Lépido y sus semejantes,[13]

que, habiendo acompañado a otros muchos a la tumba, fueron también ellos enterrados. En definitiva, brevísima es la diferencia de duración en la vida; y esta, ¡a través de cuántas pruebas, con qué compañía se hace y con qué cuerpo! No tengas, pues, esto por gran negocio. Mira detrás de ti el abismo del tiempo, y de igual modo el infinito que está por venir. Ante tal inmensidad, ¿en qué se diferencian el niño de tres días y el hombre que vivió tres veces la edad de Néstor?[14]

51. Camina siempre por el atajo, pues el verdadero atajo es el que sigue arreglado a la naturaleza. Por esto, habla y obra con la mayor cordura. Esta línea de conducta[15] te librará de las fatigas, de la vida militar, de toda clase de administración, del alambicamiento de estilo.

MEDITACIONES
LIBRO V

✦

1. Por la mañana, cuando sientas pereza al levantarte, piensa: «Yo me levanto para cumplir con los oficios propios de un hombre. ¿Me desazonaré, pues, si voy a ejecutar aquello para lo que nací, para lo que vine al mundo? ¿A esto fui formado, para arrellanarme en la cama, caliente entre mis cobertores?». «Pero esto —dirás— es más agradable.» ¿Fuiste formado, entonces, para solazarte? Y, en suma, ¿naciste para la pasividad o para la actividad? ¿No ves cómo las plantas, los pájaros, las hormigas, las arañas, las abejas, tienen cada cual su tarea propia y contribuyen, a su vez, al buen orden del mundo? Entonces tú, ¿no querrás hacer lo que incumbe al hombre? ¿No te apresurarás en poner por obra lo que se conforma con tu naturaleza?

«Conviene, con todo, descansar.» Conviene, de acuerdo. Pero la naturaleza prescribió sus límites al reposo, como en el comer y beber. Y tú, ¿no traspasas los límites más allá de lo que es menester? Conviene obrar, y tú no solo no cumples tu deber, sino que te quedas más atrás de lo que pueden tus fuerzas. No te amas de veras a ti mismo. Si en realidad te amases, amarías tu naturaleza y tu destino. Otros que tienen pasión por su oficio se consumen en el ejercicio de sus obras, sin bañarse apenas y sin comer. Mas tú, ¿cuentas menos con tu naturaleza que el torneador con su arte, el danzarín con su danza, el avaro con su dinero, el vanidoso con su gloria? Estos, una vez poseídos por sus aficiones, no quieren comer ni dormir, sino más bien acrecentar el objeto de sus esfuerzos, según sus posibilidades. Ahora bien: a ti ¿te parecerá que las acciones útiles a la sociedad son inferiores y merecedoras de menor atención?

2. ¡Cuán fácil es sacudir y destruir de la fantasía toda idea importuna o extraña, y recobrar al punto la calma íntegra!

3. Júzgate digno de toda palabra y de toda acción que no desdiga de la naturaleza. No te dejes desviar por las consiguientes censuras o razonamientos de algunos hombres; antes bien, si es noble hacer o decir una cosa, no te desdeñes de ella. Esos hombres tienen su peculiar juicio y se dejan llevar por sus personales instintos. Mas tú no te desazones por ello; antes bien, sigue el recto camino guiado por tu propia naturaleza y por la naturaleza universal. Ambas siguen una ruta común.

4. Recorro las diversas etapas de la naturaleza sin parar hasta que, caído, descansaré entregando mi aliento a este aire que respiro todos los días, convirtiéndome en la tierra de donde mi padre recogió mi germen, mi madre mi sangre, mi nodriza su leche; la tierra que me da todos los días, por tantos años, el alimento y la bebida, que me sostiene mientras camino y que tanto me aprovecha.

5. ¿No puede admirarse en ti la agudeza de ingenio? Sea, pero tendrás otras cualidades por las cuales no podrás disculparte alegando: «Fui mal dotado». Conquístalas, pues, que dependen únicamente de tu arbitrio: la inalterabilidad, la gravedad, la resistencia, la continencia, la aceptación del destino, la moderación en los deseos, la benevolencia, la libertad, la sencillez, la seriedad, la magnanimidad. ¿No comprendes

cómo podrías adquirir ahora estas cualidades sin escudarte con el pretexto de una incapacidad natural o de insuficiente aptitud? Y en tanto, permaneces deliberadamente por debajo de tus posibilidades.

¿Acaso cuando murmuras de la vida, cuando te ases a ella, cuando te ensoberbeces, cuando echas la culpa de todo a la fragilidad de tu cuerpo, cuando buscas complacerte, cuando alardeas presuntuosamente, cuando tu alma experimenta todas estas oscilaciones, lo haces obligado por cortedad de aptitudes naturales? Por los dioses que no. Podías, tiempo ha, librarte de estos males, acusándote únicamente, en todo caso, de una demasiada lentitud de espíritu, de una excesiva indolencia en fijar tu aplicación. Pero sobre todo conviene también ejercitarte en ello, sin preocuparte ni estar bien hallado con esta inercia espiritual.

6. Hay quien, cuando dispensa un beneficio a otro, tiene en cuenta calculadamente este favor. Otro no obra de esta guisa, pero considera al favorecido en sus adentros como a un deudor y no se olvida del bien que le ha dispensado. Pero un tercero ha olvidado ya, en cierto modo, el favor que hizo: se asemeja a la viña que produce la uva y no reclama nada más después de haber producido el propio fruto, como el caballo que ha hecho su carrera, el perro que ha seguido su caza, la abeja que ha fabricado su panal. Así el hombre que favoreció a otro no debe intentar beneficiarse, sino pensar cómo le serviría otra vez, imitando a la vid que a su tiempo vuelve a llevar la uva.

«Según esto, ¿conviene ser como aquellos que, en cierto modo, hacen bien sin mirar a quién?» Sin duda. «Pero es necesario conocer lo que uno hace, porque el oficio propio de un ser sociable es sentir que obra conforme a las leyes de la sociedad y, ¡por Zeus!, querer que su asociado asimismo llegue a sentirlo.» Es verdad lo que dices; pero ahora interpretas mal el sentido. Vendrás a ser, por ello, como uno de estos hombres jactanciosos de que hablaba más arriba, pues también ellos se dejan engañar por ciertas apariencias de verdad. Si quieres, no obstante, entender bien el sentido de esta prevención, no temas que por esto omitas acción alguna útil a la sociedad.

7. La plegaria de los atenienses era en esta forma: *«Riega, riega, amado Zeus, los campos y los valles de los atenienses».* Y en verdad que o no se debe rezar o se debe rezar así, sencillamente, ingenuamente.

8. De la misma manera que suele decirse que Asclepios[1] ordenó a uno la equitación, los baños fríos o el caminar descalzo, asimismo se debe entender cuando se dice: «la naturaleza universal ha ordenado a este una enfermedad, una dolencia, una mutilación o algo parecido». Porque allí la palabra *ordenó* significa, más o menos: «se le ha asignado a tal enfermo un tratamiento conducente a su sanación». Y aquí: «lo que acaece a cada uno le ha sido asignado como correspondiente a su hado». Así debemos decir que estos acontecimientos que nos ocurren nos vienen bien, del mismo modo que los albañiles explican que las piedras encuadran en los muros o en las pirámides cuando armonizan mutuamente según tal o cual combinación. En suma, no hay más que una armonía en todo, y de la misma manera que el mundo, este gran cuerpo se completa con todos los cuerpos, así también el destino, esta gran causa, se completa con todas las causas singulares.

Lo que digo lo comprenden hasta los más ignorantes, porque dicen: «A esto le llevó el hado». Si a tal cosa le llevaba el hado, es que le estaba especialmente ordenado. Aceptemos estos hechos como las órdenes que pudo dictar Asclepios. Muchas entre estas recetas son sin duda amargas; pero las aceptamos gustosamente esperando sanar. Estima el resultado y el cumplimiento de cuanto pareciere bien a la naturaleza universal como lo que pasa tocante a tu propia salud. Abraza, por ello, todo lo que acontezca, aun cuando parezca un tanto molesto, con la mira de que conduce a la salud del mundo, a la prosperidad y felicidad de Zeus. No hubiera este ordenado tal acontecimiento a este hombre si no fuese adaptado al buen orden del universo, puesto que ninguna naturaleza particular lleva algo que no cuadre al ser gobernado por ella.

Conviene, pues, por dos razones, contentarse con lo que pueda ocurrir: la una, porque esto se hizo para ti, te estaba ordenado, se te asía, en cierto modo, desde lo alto, encadenado a causas muy principales; lo otro, porque esto que a cada uno acaece en particular contribuye a la prosperidad, a la perfección y, ¡por Zeus!, a la existencia misma de aquel que todo lo gobierna. Y en verdad, el universo vendría a quedar mutilado si se le desconcertase un poco de la conexión y contigüidad tanto de sus causas cuanto de sus partes. Y tú quiebras este enlace, por lo que te incumbe, cuando te disgustas por los acontecimientos, y, en cierto modo, los anulas.

9. No te desazones, ni desfallezcas, ni te impacientes, si no logras comportarte íntegramente según los principios rectos de la filosofía; antes bien, al sentirte fracasado, vuelve a embestir de nuevo y acéptalo todo de buen grado, con tal que el mayor número de tus acciones se conforme con la obligación de un hombre. Abrazado de veras a tu resolución, no te entregues a la filosofía como el niño a un maestro de escuela, sino como los que sufren de la vista se sirven de la esponja y la clara de huevo, o, como otros enfermos, de la cataplasma y de la loción. De esta forma, no alardearás de una forzada obediencia a la razón,[2] antes bien sentirás holgura en adherirte a sus dictámenes. Ten presente que la filosofía no quiere sino lo que quiere tu naturaleza, mientras tú quisieras otra cosa, opuesta a ella. ¿Y qué puede haber más agradable que seguirla? ¿Pues el placer no nos engaña, acaso, con este mismo cebo del gusto? ¡Ea!, examina, pues, si no serán cosas más placenteras la magnanimidad, la libertad, la rectitud, la benevolencia, la piedad. Y en cuanto a la sabiduría, ¿hay algo más agradable si se piensa qué seguridad, qué prosperidad procura en todas las ocasiones la facultad de la observación y de la inteligencia?

10. Las cosas están recubiertas, a la verdad, de una tal veladura, que a no pocos filósofos, y no de los recién llegados, han parecido del todo incomprensibles; aun los mismos estoicos, las juzgan por lo menos difíciles de comprender. Y es que todo asenso nuestro está sujeto a errar. ¿Dónde hallarás uno que sea inmutable? Da un paso ya hacia los mismos objetos que caen bajo nuestro conocimiento. ¡Cuán efímeros son, viles, capaces de pasar al dominio de un libertino, de una ramera, de un malhechor! Después de esto, pasa a las costumbres de aquellos con quienes vives: el más cortés de todos es difícilmente aguantable, por no decir que apenas puede él soportarse a sí mismo.

En medio de esta obscuridad, de este fango, de este tan rápido flujo de la substancia, del tiempo, del movimiento y de las cosas movibles, ¿hay algo digno de honda estima, y aun de atención para conseguirlo? Yo no lo veo. Por el contrario, conviene exhortarse uno a sí mismo a esperar su natural disgregación, y no llevar a mal que esta se demore, confiándose a estos dos únicos principios: primero, nada me ocurrirá que no sea conforme a la naturaleza universal; segundo, tengo yo en mi mano el no hacer cosa alguna contraria a mi dios y a mi Genio. Puesto que nadie me forzará a violar su voluntad.

11. ¿Qué uso hago, pues, en este instante de mi alma? En cada una de mis acciones me formularé esta pregunta y examinaré qué cosa tengo ahora en esta parte de mí mismo que se llama recto juicio, y en qué estado tengo mi alma en el presente. ¿Acaso en el de un niño, de un joven, de una mujerzuela, de un tirano, de un jumento, de una fiera?

12. Cuál sea la naturaleza de aquellas cosas que en el concepto del vulgo se estiman como bienes, podrás colegirlo de esto que diré ahora.

Supongamos que un hombre repute por verdaderos bienes ciertas cosas existentes, como la sabiduría, la templanza, la justicia, la fortaleza. Después de haber hecho de antemano el debido concepto de estas virtudes, no podría él oír aquel verso: *«Posee tantas riquezas...».*[3] Pues tal cosa no le cuadraría. Si, por el contrario, uno considerase anteriormente como bienes las cosas que el vulgo estima por tales, oiría plenamente y aceptaría con facilidad las palabras del poeta cómico. ¡Tanta es la diferencia de bienes a bienes que imagina la muchedumbre! De no ser así, el verso no chocaría tanto ni disonaría cuando, en tratándose de la riqueza y de los honores conducentes al lujo o a la ambición, acogemos entonces estas palabras como traídas con propiedad y agudeza. Prosigue, pues, analizando si es conveniente reputar por buenas estas cosas que, de antemano examinadas, conducirían a esta evidente conclusión: su poseedor es tan rico *«que no sabe dónde solazarse».*

13. Estoy compuesto de causa formal y materia. Ninguno de estos elementos será reducido a la nada, del mismo modo que tampoco han salido de la nada. Pues cada parte de mi ser tendrá asignado otro lugar, mediante la transformación en otra parte del mundo; y de nuevo esta se transformará en otra parte del universo, y así continuará la sucesión hasta la eternidad. Por esta vía de transformación tuve yo principio, y lo mismo mis padres, y por su orden otros, hasta remontarnos así al infinito. Nada se opone a que esto parezca verdad, por más que se divida el gobierno del universo en períodos limitados.

14. La razón y el arte de razonar son ciertas facultades que se bastan a sí mismas y a las operaciones que les incumben. Empiezan a obrar por un principio propio; y caminan derechamente al fin que se han propuesto. Por esto tales acciones se llaman *catorthoses* o acciones rectas, vocablo que refleja lo recto del camino que siguen.

15. No conviene que el hombre cumpla nada de lo que no convenga al hombre, por razón de tal. No son cosas que se deban exigir al hombre;

la naturaleza del hombre no se las promete; no son perfecciones de la naturaleza humana. No es menester tampoco que el hombre cifre en ninguna de ellas su fin, ni —lo que remata el fin— su bien. Además, si alguna de estas cosas fuera conveniente al hombre, fuerza sería no despreciarlas ni rebelarse contra ellas; no podría aprobarse al hombre que diera señales de necesitarlas, y menos sería hombre recto el que se limitara a una sola, dado que ellas fuesen bienes.

En realidad, cuanto más se despoja uno de estas cosas y otras idénticas, mejor aún, o cuanto con más paciencia se soporta esta expoliación, tanto más crédito adquiere de hombre de bien.

16. Tu inteligencia será cual la hagan tus ideas habituales; pues el alma queda imbuida de sus ideas. Impregna, así, la tuya con una abundancia de pensamientos como este: allí donde se puede vivir, es posible también vivir bien. Pero se puede vivir en la corte; luego se puede vivir bien en la corte. Y asimismo: cada ser tiende hacia el fin por el cual y en vista del cual fue creado. En ajustarse a tal inclinación consiste el fin, y en el fin están cifrados el interés y el bien de cada uno. Luego el bien propio de un viviente racional es la sociedad, puesto que está demostrado desde hace tiempo que para ella nacimos. ¿No es también evidente que los seres inferiores han sido creados por causa de los superiores, y los superiores con respecto entre sí? Luego, los seres animados son superiores a los inanimados, y los racionales a los simplemente animados.

17. El perseguir imposibles es locura. Y es imposible que los malvados no cometan tales acciones.

18. Nada ocurre al hombre que no pueda sobrellevarse naturalmente. Lo mismo puede ocurrir a otro y, sea que ignore lo que pasó, sea que quiera hacer ostentación de magnanimidad, se está firme y sin

lesión. ¿No es sorprendente que la ignorancia y el deseo de complacer puedan más que la sabiduría?

19. Las cosas no tienen por sí mismas contacto alguno con el alma, no tienen acceso al alma, ni pueden modificarla ni ponerla en movimiento. Ella sola se modifica y se pone en movimiento por sí misma, y según sean los sucesos que se le ofrezcan así son los dictámenes que ella estima dignos de sí misma.

20. Por cuanto el hombre es un ser estrechamente allegado a nosotros, en tanto debemos hacerle bien y sufrirlo con paciencia. Pero en cuanto algunos hombres se nos oponen en el cumplimiento de nuestros deberes, ya el hombre baja a la categoría de los seres que me son indiferentes, como el sol, el viento, la bestia. Estos objetos pueden obstaculizar en algún modo mi actividad, pero mi empeño y mis aptitudes internas no conocen trabas, gracias a mi facultad de economizarme y derribar los obstáculos. Puesto que la inteligencia derriba y desplaza, ante el fin que la guía, todo impedimento de su actividad. Lo que estorbaba su buena acción, le sirve de medio para aventajar; lo que cortaba su camino, le ayuda a avanzar.

21. Honra lo que hay de más excelente en el mundo: aquello que beneficia de todo y vela por todo. Honra igualmente lo que hay en ti de más aventajado, y es esto homogéneo en un todo con lo primero. Que esto es lo que se sirve de las otras cosas, por medio de ti, y gobierna tu vida.

22. Lo que no es nocivo a la ciudad no perjudica tampoco al ciudadano. Cuantas veces te venga la sospecha de que te han perjudicado, que te sirva de regla esta verdad: si esto no perjudica la ciudad,

tampoco yo he sido perjudicado. «Pero, si la perjudica, ¿no hay que irritarse contra el que perjudica la ciudad?» ¿Y por qué no le das a entender su error?

23. Considera muy a menudo la rapidez con que los seres existentes y los acontecimientos ocurren y se nos arrebatan. Porque a la verdad, la substancia, como un río, está en curso constante; las energías, en perpetua mutación; las causas, sujetas a innumerables alteraciones; casi no hay cosa estable. Y he ahí, a dos pasos, el abismo infinito del pasado y del futuro, en donde todo se desvanece. ¿No se reputará por loco el hombre que ante tal espectáculo se enorgullece, se encrespa o se lamenta, como si alguna adversidad le importunara por tan breve espacio, o aunque fuese por más tiempo?

24. Piensa en la totalidad de la substancia de la cual participas en muy pequeña proporción; y en la totalidad del tiempo, del cual te ha cabido un intervalo breve, infinitamente exiguo; y en el destino, del cual eres una parte mínima.

25. ¿Comete alguien una falta contra mí? Él lo verá. Tiene su propio carácter y su propio modo de obrar. Yo, por mi parte, solo tengo en este momento lo que la naturaleza universal quiere que tenga al presente, y hago lo que mi naturaleza quiere que ponga por ahora en ejecución.

26. El principio rector y soberano de tu alma permanece indiferente ante el movimiento, lene o violento, de la carne; no se le una, antes bien prescríbase ella misma sus límites y ciña aquellas pasiones a los miembros. Cuando se propaga a la inteligencia, por efecto de aquella mutua simpatía que resulta de la indivisibilidad del cuerpo y el alma, no conviene entonces intentar la resistencia a la

sensación, fenómeno natural. Mas en cuanto al dictamen de si sean buenos o malos tales afectos, no lo emita por sí mismo el principio rector.

27. Conviene vivir con los dioses. Y vive con los dioses quien les presenta constantemente un alma complacida en la suerte que le cupo, dócil en todo a la voluntad del numen interior, que Zeus dio a cada uno por ayo y guía, fragmento de su divinidad. Y este Genio es el espíritu y la razón de cada uno.

28. ¿Te irritas acaso contra el que hiede a sobaquina? ¿Te irritas contra el que despide mal aliento? ¿Y qué quieres que haga? El uno tiene así la boca; el otro, de tal suerte los sobacos; es inevitable que, siendo así, se desprendan tales exhalaciones. «Pero el hombre —arguye el otro—, está dotado de razón; puede, si reflexiona, tener conciencia de la falta en que incurre.» «¡Sea en buen hora! Pero tú participas también de razón. Excita, pues, con la facultad persuasiva su facultad razonable. Persuádeselo, avísale. Si quiere oírte, lo curarás sin necesidad de montar en cólera. ¡No seas rompesquinas ni ramera!»

29. La conducta que te propones observar luego, al tiempo de morir, puedes llevarla aquí mismo. Si no te dejan en libertad de hacerlo, mejor entonces eximirse de vivir, pero convencido de que no padeces mal alguno. *«Humo... y ya me voy.»*[4] ¿Por qué te parece esto un negocio de gran momento? Mientras no me despida ninguna razón de este género de vida, permanezco libre y nadie me impedirá hacer lo que quiera. Y lo que yo quiero es portarme según lo pida la naturaleza de un ser racional y sociable.

30. La inteligencia del universo es sociable. Así, ha creado los seres de baja esfera con respecto a los de superior calidad, y ha vinculado

los superiores los unos a los otros. ¿Ves cómo ha subordinado, coordinado, y asignado a cada uno la parte proporcional al mérito, y obligado a los seres más excelentes a vivir en recíproca armonía?

31. ¿Cómo te has conducido hasta ahora con los dioses, con tus padres, tus hermanos y hermanas, tu mujer, tus hijos, tus maestros, tus preceptores, tus amigos, tus relaciones, tu servidumbre? ¿Has observado hasta este punto con todos ellos el precepto de *«No hacer ni decir cosa alguna / fuera de regla»*?[5]

Recuerda asimismo qué caminos has recorrido, cuántas pruebas has podido aguantar; advierte que has conocido ya a fondo la vida y que has desempeñado tu ministerio; haz memoria de cuántos buenos ejemplos has hecho ver; qué placeres y dolores has desdeñado; cuántos objetos de valía se granjearon tu atención; con cuántos ingratos te has comportado con benevolencia.

32. ¿Por qué razón las almas incultas e ignorantes han de perturbar el alma cultivada y sabia?

¿Y cuál es el alma culta y sabia? La que conoce el comienzo y el fin y la razón que se extiende por la substancia del universo y que desde toda la eternidad administra todo según una norma de períodos determinados.

33. En un abrir y cerrar de ojos no serás más que un poco de ceniza o un esqueleto, y un nombre o, tal vez, ni un nombre. ¡Y el nombre mismo es un sonido vano, un eco! Lo que ha gozado, pues, de mayor aprecio en la vida es vacío, podredumbre, ruindad, perros que se muerden mutuamente, pícaros que se pelean entre sí, que tan pronto ríen como lloran. En cuanto a la buena fe, al pudor, a la justicia, a la sinceridad: *«subiéronse al Olimpo desde los espaciosos caminos de la tierra»*.[6]

¿Qué es lo que te retiene, entonces, aquí abajo, si los objetos sensibles son mudables, inestables; los sentidos, embotados, dispuestos a recibir trastornadas las imágenes; si el mismo aliento no es más que una exhalación que se desprende de la sangre; y la fama entre los hombres, una pura vanidad? ¿Qué hacer, pues? Aguarda, con ánimo benévolo, o tu extinción o tu desplazamiento. Mas, entretanto no se te presente esta ocasión, ¿qué bastará hacer? ¿Qué otra cosa sino venerar y bendecir a los dioses, hacer bien a los hombres, aguantarlos y abstenerse en ciertas ocasiones de su trato?[7] Pero todo lo que existe dentro de los límites del cuerpo y del aliento recuerda que no es tuyo ni depende de tu voluntad.

34. Puedes encauzar felizmente tu vida, si sabes proceder con rectitud, si sabes pensar y obrar según razón. He ahí dos facultades comunes al alma de Dios y a la del hombre y a la de todo ser racional: la una, el no poder ser obstaculizado por otro alguno; la otra, el cifrar todo su bien en las aptitudes y la conducta conformes a la justicia, ciñendo a esto solo el deseo.

35. Si esto que sucede no es maldad mía, ni efecto nacido de mi vicio, si no daña a la colectividad del universo, ¿por qué me inquietaré por ello? «¿Y qué cosa podría ser nociva a la comunidad?»

36. No te dejes sorprender, en su conjunto, por la imaginación. Ayuda a los necesitados según tus posibles y según su mérito; y aunque veas que padezcan mengua en esas cosas accidentales, no te imagines que haya en ello daño alguno, que en esto hay una mala costumbre. Haz como aquel viejo que, al despedirse, pedía la peonza de su discípulo, sin perder de vista que se trataba de un objeto pueril. Así, también, compórtate en el caso presente. Y cuando te hallas perorando desde la magnífica tribuna, dime, pobre hombre,

¿has olvidado que eso no es más que declamación? «¡Pero los hombres tienen tanto apego a la declamación!», replicas. «Y por ello, ¿tú también has de enloquecer, como ellos?»

Otras veces, en ciertos instantes de los que me sorprendo, fui dichoso. «Pero el hombre feliz es el que labra una buena fortuna; y una buena fortuna no consiste en otra cosa que en las buenas inclinaciones del alma, los buenos deseos y las buenas acciones.»

MEDITACIONES
LIBRO VI

✦

1. La substancia del universo es dócil y maleable. La razón que la gobierna de ningún modo es en sí misma maléfica, pues no tiene maldad alguna; no es propensa a dañar a otro ni nada recibe agravio de ella. Todo nace y fenece según ella ordena.

2. Que te sea lo mismo, cuando cumples con tu deber, estar helado de frío o abrigado, falto de sueño o harto de dormir, oír murmurar de ti o alabarte, morir o hacer otra cosa. Porque la acción de morir es asimismo una de las que componen la vida, pues basta, en cuanto a ella, que dispongamos bien lo que tuviéremos a la sazón entre manos.

3. Observa el interior de las cosas; que no se te escape, en ninguna, ni su cualidad propia ni su mérito.

4. Todos los objetos subsistentes se transformarán bien presto y se evaporarán, si es una la substancia universal; o bien se dispersarán.

5. La razón que gobierna el mundo sabe por sí misma en qué disposición se halla, qué hace y de qué materia.

6. La mejor forma de vengarte de los que te injurian es que no los imites.

7. Gózate y descansa en una sola cosa: en pasar de una acción en favor de la sociedad a otra acción social, pensando en Dios.

8. El principio rector es esa facultad que se anima a sí misma, que se modifica y se dirige del modo que ella quiere; la que hace que todos los acontecimientos le parezcan tales como ella los desea.

9. Todo se lleva a su fin según ordena la naturaleza universal. Y no según otra naturaleza que exteriormente contenga el mundo, o esté dentro de él contenida, o se halle fuera de él, independiente.

10. O bien el mundo es desorden, entrecruzamiento y dispersión; o bien, unión, orden y providencia. Si es, pues, lo primero, ¿por qué deseo prolongar mi permanencia en esta aglomeración fortuita y confusa? ¿Qué otra cosa puede preocuparme que saber cómo *«un día me convertiré en tierra»*?[1] ¿Y por qué azorarme? Haga lo que haga, vendrá sobre mí la disolución. Pero si es cierto lo segundo, venero, persisto y descanso en el que gobierna.

11. Cuando por la concurrencia de las circunstancias te veas como desconcertado, vuelve en seguida sobre ti y no te propases fuera de lo justo más tiempo del necesario. Serás tanto más dueño de la armonía de tus actos cuanto más a menudo la recuperes.

12. Si tuvieras a un mismo tiempo una madrastra y una madre, procurarías obsequiar, sin duda, a la primera, pero a tu madre, con todo, se dirigirían tus incesantes visitas. Lo mismo se te ofrece a ti en este momento: la corte y la filosofía. Acude a esta a menudo, descansa en

ella, pues es la que aquí abajo te hace más llevadera la vida y a la vez te hace a ti llevadero a los demás.

13. Igual que se tiene idea de lo que son las viandas cocidas y otros alimentos semejantes, al decir que esto es un cadáver de pescado, aquello un cadáver de pájaro o de lechón; o también que el falerno no es más que el zumo de un género de uva; la toga pretexta, lana de oveja teñida en sangre de marisco; y por lo respectivo al placer del amor, que no es este más que un contacto de nervios y excreción de humor, acompañado de una convulsión; igual que estas ideas alcanzan de lleno los mismos objetos y penetran en su interior, de suerte que se ve lo que son en realidad, del mismo modo conviene obrar en todo el discurso de la vida. Al parecerte los objetos acreedores a la más honda confianza, despójalos, observa en el fondo su ruindad y arráncales esta corteza de que se glorían. Que es el orgullo un peligroso sofista y, cuando piensas dedicarte más que nunca a las cosas graves, es cuando mayormente te engaña. Estudia, en fin, lo que Crates dice,[2] a este propósito, hablando de Jenocrates.

14. La mayoría de los objetos de que se admira el vulgo se reducen a ciertos géneros universales, a aquellas substancias dotadas de una sola forma y de una naturaleza, cuales son las piedras, la madera, las higueras, los olivos. Los hombres de mediana esfera tienden a los seres que poseen alma sensitiva, como los rebaños de ganado mayor y menor. Los hombres de más honor se inclinan a los seres dotados de alma racional, pero no en cuanto es alma universal del mundo, sino de la que se aplica preferentemente a las artes o a alguna forma de ingenio; o, simplemente, gustan de poseer un crecido número de esclavos. Mas el hombre que aprecia debidamente su alma racional, en cuanto es universal y social, dejado aparte cualquier otro cuidado, procura guardar, ante todo, en su alma

aptitudes y movimientos conformes a la razón y al bien común, y trabaja para que su semejante consiga este fin.

15. Siempre, entre las cosas, unas se apresuran para recibir su ser, otras a perderlo; y aun una misma cosa, al momento de producirse, ya se ha extinguido en parte. Disoluciones y transformaciones renuevan constantemente el mundo, de modo que la sucesión incesante del tiempo significa la eternidad siempre nueva. En medio de este río, ¿cuál de estos objetos que huyen veloces podremos preferir, puesto que no podemos descansar en ninguno? Sería como si intentásemos enamorarnos de uno de estos pájaros que pasan rozándonos, y desaparecen en seguida de nuestra vista. La misma vida de cada uno es como una exhalación de la sangre o como la aspiración del aire. Pues, cual el aspirar una vez el aire y expulsarlo de nuevo, lo que repetimos cada momento, tal es en verdad el devolver al origen, de donde has tomado el primer soplo, toda la facultad respiratoria adquirida ayer o anteayer al venir al mundo.

16. No es cosa digna de gran estima ni el transpirar como las plantas, ni el respirar como los animales y las fieras, ni el recibir impresiones por medio de la imaginación, ni el agitarse el apetito, como marionetas, con los instintos, ni el pacer como el ganado, ni el nutrirse con el alimento, operación pareja a la que acaece en el expeler las superfluidades de la comida. ¿Qué cosa, pues, se granjeará nuestra estima? ¿El ser aplaudidos? Ni esto tampoco, ni menos el levantar estallidos de lenguas, que solo estrépitos de lengua son las alabanzas de la turba. Así, has renunciado también a la vanagloria. ¿Qué restará que sea digno de estima? A mi entender, el moverse y mantenerse conforme al propio estado, término al cual conducen los estudios y las artes. Todo arte, en efecto, tiene su

mira en que el método adoptado sea muy a propósito para aquel fin para el cual fue adoptado. Esto pretende el viñador con sus vides, el picador domando potros, el cazador amaestrando sus perros. ¿Y a qué otra cosa aspiran los métodos de educación e instrucción? He ahí lo que en realidad merece estima. Si lo logras, no buscarás otro bien.

¿Es posible que ni aun con esto ceses de apreciar otras cosas? ¿Pues no te verás libre, capaz de bastarte a ti mismo, exento de pasiones? Por necesidad serás envidioso, competidor; sospecharás de aquellos que podrían arrebatarte estos bienes; armarás asechanzas a los poseedores de lo que tienes en tanta estima. En suma: necesariamente el hombre privado de uno de estos bienes, se consternará y dirigirá mil reconvenciones a los dioses. Al contrario, el respeto y la estima que profeses a tu inteligencia, harán de ti un hombre contento de ti mismo, harán que te adaptes a la vida social y que te conformes con los dioses, es decir, que plenamente apruebes cuanto los dioses proyectan y establecen.

17. El movimiento de los átomos corre hacia arriba, hacia abajo, circularmente. Pero el curso de la virtud no está sujeto a ninguno de estos giros. Tiene, más bien, un no sé qué de divino, de modo que hace su jornada por una órbita difícil e incomprensible.

18. ¡Qué desatinado es el comportamiento de los hombres! No quieren reverenciar a sus contemporáneos y a sus conciudadanos, pero pretenden en sumo grado ser alabados por los venideros, a quienes nunca han visto ni verán jamás. Es casi como si te lamentases porque tus antepasados no te hayan dedicado palabras honoríficas.

19. No es justo suponer que, si a ti te parece una cosa difícilmente realizable, sea por esto mismo imposible para todo hombre; antes

bien, lo que es posible y correspondiente a un hombre, persuádete de que también es asequible por ti.

20. En los ejercicios gimnásticos, alguno, a no dudarlo, nos habrá arañado con sus uñas o, echándosenos encima, nos habrá arremetido con la cabeza. Pero ni lo damos a entender, ni nos ofendemos, ni le calificamos en lo sucesivo de traidor. Ciertamente nos guardamos de él, pero no como de un enemigo ni con desconfianza, sino que le esquivamos con ánimo benévolo. Así suceda aproximadamente en las otras coyunturas de la vida. No paremos mientes en muchas cosas que hacen aquellos hombres que son, por decirlo así, nuestros compañeros de gimnasio. Es posible, efectivamente, como decía, esquivarlos sin odiarlos ni tenerlos por sospechosos.

21. Si alguien pudiese convencerme y hacerme patente que no pienso ni obro rectamente, de grado cambiaría de conducta. Busco la verdad que no ha dañado nunca a ninguno. Es dañarse, por el contrario, obstinarse en su error y en su ignorancia.

22. Por mi parte, cumplo con mi deber. El resto no me llama la atención; pues, o se trata de objetos inanimados o de seres irracionales, o que están al margen de la razón e ignoran su camino.

23. Con los animales irracionales y, en general, con las cosas y objetos sensibles, compórtate como un ser dotado de razón se comporta con los que están privados de ella, noble y liberalmente. Empero a los hombres, considerando que también ellos participan de racionalidad, trátalos sociablemente. Y, en toda ocasión, invoca a los dioses y no te preocupes por saber cuánto tiempo podrás obrar así: basta y sobra el espacio de tres horas invertidas en este uso.

24. Alejandro de Macedonia y su mulatero, muertos los dos, vinieron a parar en una misma cosa: o bien fueron reasumidos en las mismas razones generadoras del mundo o bien se dispersaron igualmente entre los átomos.

25. Considera qué de cosas, en un mismo punto infinitamente pequeño, se producen al mismo tiempo en cada uno de nosotros, tanto en el campo del alma como del cuerpo. Así, no te maravillarás si se producen muchos más acontecimientos, o, más bien, que se originen todos simultáneamente en este ser singular y a la vez universal que llamamos mundo.

26. Si alguno te preguntase cómo se escribe el nombre de Antonino, ¿proferirías acaso levantando la voz cada una de las letras de este nombre? ¿Pues qué: si se irritasen, te irritarías tú asimismo? ¿No continuarías más bien pronunciando despacio cada una de las letras? Acuérdate igualmente en la realidad que toda obligación consta de cierta cantidad de tiempo. Conviene, observándola, llevar al cabo con buen orden la acción propuesta, sin alborotarte ni irritarte contra los que se indignan contra ti.

27. ¡Qué crueldad que no se permita a los hombres dejarse llevar por lo que les parece natural y conducente! Y cierto que tú, en este sentido, no les permites obrar así cuando te irritas por las faltas que cometen. Pues se dirigen a ellas como hacia cosas naturales y ventajosas. «¡Pero no son así!» Entonces, instrúyelos, y muéstraselo, sin irritarte.

28. La muerte es el reposo en que cesan las impresiones que nos transmiten los sentidos, las agitaciones instintivas que nos mueven como títeres, las divagaciones de los pensamientos discursivos, los cuidados que se dan al cuerpo.

29. Es vergonzoso que, cuando tu cuerpo no renuncia a esta vida, renuncie la primera tu alma.

30. Mira bien de no «cesarizarte» de pies a cabeza, de impregnarte de este sentimiento de majestad, como suele suceder. Consérvate, pues, simple, honesto, puro, grave, natural, amigo de la justicia, piadoso, benévolo, afectuoso, firme en el cumplimiento de los deberes. Lucha por conservarte, tal cual quiso hacerte la filosofía. Reverencia a los dioses, protege a los hombres. Breve es la vida. El solo fruto que se puede sacar de esta existencia terrestre son las santas disposiciones del ánimo y las acciones sugeridas por el bien común.

Compórtate en todo como discípulo de Antonino.[3] Imita su constancia en los asuntos razonablemente calculados, su ecuanimidad en todo, su religiosidad, la serenidad de su semblante, su indiferencia por la gloria, su pundonor en los asuntos, en tal conformidad que no abandonaba nunca cuestión alguna sin haberla penetrado a fondo y claramente comprendido. Observa cómo sabía aguantar los reproches inmerecidos sin contestar con otros reproches; cómo no se afanaba por cosa alguna; cómo desechaba las delaciones; cómo estudiaba de cerca los caracteres y las acciones; cómo no humillaba a nadie y evitaba el alboroto, la suspicacia, la palabrería; cómo se satisfacía con poco por lo que respecta, por ejemplo, a su habitación, a su cama, a sus vestidos, a su mesa, a su servicio doméstico; cómo era laborioso y paciente, hasta el punto de poder perseverar en un mismo lugar desde la mañana hasta la tarde, gracias a un régimen frugal, y sin tener necesidad de evacuar los restos de la comida fuera de su hora habitual. Acuérdate de la solidez y constancia de sus amistades; cómo toleraba que se opusieran con franqueza a sus puntos de vista; cómo agradecía la sugerencia de un mejor aviso; cómo era piadoso sin superstición. Imítalo, para tener una buena conciencia, como él, en la hora de la muerte.

31. Recobra los sentidos, retorna a ti mismo, y, salido de tu letargo, y comprendiendo que eran ilusiones las cosas que te perturbaban, mira por segunda vez estas cosas de aquí con los ojos muy despiertos, como hace poco mirabas aquellas.

32. Soy un compuesto de alma y cuerpo. Todo es indiferente al cuerpo, puesto que no sabría desazonarse por sí solo. En cuanto al alma, le es indiferente todo lo que no constituye su actividad peculiar; todo lo que nace de su propia actividad, todo ello depende de su arbitrio. Y a pesar de ello, le interesan únicamente las acciones que presentemente esté haciendo; que su actividad futura o pasada le es también, en este instante, indiferente.

33. Ni la mano ni el pie obran contra la naturaleza, mientras el pie cumple la función propia del pie, y la mano la de la mano. Del mismo modo, pues, el hombre, en cuanto hombre, no efectúa un trabajo contra la naturaleza, mientras cumple la tarea primitiva del hombre. Y si lo que hace no es contrario a la naturaleza, tampoco es para él mal alguno.

34. ¡Cuántos placeres han gozado los malvados, los prostituidos, los parricidas, los tiranos!

35. ¿No ves que si los artesanos condescienden, hasta cierto punto, con los profanos, no por esto quedan menos ligados a los principios de su arte sin permitirse separarse de ellos? ¿Y no sería absurdo que el arquitecto y el médico hiciesen más aprecio de la razón de su arte que el hombre de la suya propia, la cual es común al hombre y a los dioses?

36. Asia, Europa, rincones del universo; el océano entero no es más que una gota en el universo; el Athos, un terrón del universo; todo el

presente, un punto de la eternidad. Todo es mezquino, efímero, y está a punto de perecer.

Todo viene de allá arriba, movilizado por aquel principio rector común o por consecuencia. Así, pues, la boca abierta del león, el maleficio, en cuanto es nocivo, como las espinas y el lodo, son como apéndices de lo que hay allá arriba de venerable y bello. No te imagines, pues, que se trate de algo ajeno al ser que veneras; antes bien, reconoce en ello el origen de todo lo existente.

37. Quien ha visto el presente, lo ha visto todo: todo lo que sucedió desde la eternidad y lo que sucederá por toda la eternidad; pues todas las cosas tienen la misma naturaleza y la misma fisonomía.

38. Considera a menudo la cohesión de todas las cosas que existen en el mundo y la íntima relación de las unas con las otras. En cierto sentido, se enlazan entre sí y, por este respecto, se comunican amigablemente. Las unas dependen de las otras a causa del movimiento ordenado, del orden perfecto y de la unión de la materia.

39. Ajústate a aquellas cosas, a las que te ha ligado la suerte; ama a los hombres que la suerte te dio por compañeros, pero desde el fondo de tu corazón.

40. Un instrumento, un objeto, un aparejo cualquiera, si sirve para lo que fue construido, tiene su aprecio, aunque, en este caso, esté ya ausente el que lo dispuso. Mas cuando se trata de seres producidos por la naturaleza, la virtud constructiva se queda dentro y reside en ellos. Según lo cual, conviene respetarla, y, aún más, persuadirte de que si, en cuanto depende de ti, te comportas y perseveras conforme con lo que ella quiere, todo para ti sucederá a la medida de tu deseo. Del mismo modo acontecen totalmente sus cosas como a él apetece.

41. Si algo de lo que está fuera de tu libre albedrío lo consideras como un bien o como un mal para ti, es inevitable que si tal mal te sobreviene o semejante bien se te escapa, formules tus reconvenciones a los dioses y odies a los hombres, sea que les reputes responsables, o que sospeches que pueden serlo de este fracaso o de este accidente. Cometemos así muchas injusticias a causa de las diferencias de opinión que surgen acerca de estos objetos. Al contrario, si no juzgamos por bienes o males más que lo que depende de nuestro albedrío, no nos resta ninguna otra razón ni de culpar a los dioses ni de mantenernos, contra hombre alguno, en pie de guerra.

42. Todos cooperamos al cumplimiento de un mismo fin; los unos a sabiendas, inteligentemente; los otros sin entenderlo. Tal es, si no me engaño, el sentido con que incluso a los que duermen llama Heráclito obreros y colaboradores[4] de lo que se está haciendo en el mundo. Cada uno coadyuva a su manera, hasta el que, por añadidura, critica y el que intenta contrarrestar y destruir lo que se hace. Aun de este necesita el universo. Por lo demás, reflexiona con quienes vas a alistarte. De todas maneras, hará buen uso de ti el que rige el universo y te dará cabida entre sus operarios y colaboradores. Por tu lado, guárdate bien, a este respecto, de no desempeñar un papel semejante al que hace aquel verso chabacano y risible, en el drama que menciona Crisipo.

43. ¿Por ventura el sol intenta hacer lo que es propio de la lluvia? ¿Asclepios, lo de la diosa de las cosechas?[5] ¿Qué diré de cada uno de los astros? Aunque diferentes entre sí, ¿no conspiran todos a un mismo efecto?

44. Si los dioses, pues, hubieren ya acordado sobre mí y sobre lo que debe acontecerme, bien acordado estará; que no es fácil formarse la

idea de un dios sin reflexión. ¿Y por qué se habrían ellos de inclinar a hacerme mal? ¿Qué provecho resultaría de aquí, sea para ellos mismos, sea para el común del universo, de quien son ellos la máxima providencia? Si no hubieren resuelto sobre mí en particular, por lo menos habrán deliberado en general sobre el interés común, y como con él se enlazan mis sucesos personales, debo abrazarlos de grado y contentarme con ellos.

Y si los dioses no deliberasen acerca de nada —y creerlo es una impiedad; si no, suprimamos sacrificios, plegarias, juramentos y demás ritos con que al parecer nos dirigimos a los dioses presentes y mezclados a nuestra existencia—, si ellos, digo, no deliberasen sobre ninguna de las cosas que nos conciernen, entonces tendría yo el derecho de deliberar sobre mí mismo, de examinar lo que incumbe a mi interés. Pero el interés de cada uno dimana de su constitución y naturaleza; y mi naturaleza es racional y sociable.

Mi ciudad y mi patria, en cuanto Antonino, es Roma; pero en cuanto hombre, el mundo. Consiguientemente, los intereses de estas ciudades son mis únicos bienes.

45. Cuanto acontece a cada individuo es útil para la colectividad: esto debería bastar. Pero además, en general, observarás, si prestas atención, que todo lo que es útil a un particular lo es también a los otros hombres: bien entendido que debe tomarse esta vez el nombre de *útil* en la acepción común, aplicada a las cosas indiferentes.

46. A la manera que suelen desazonarte los juegos del anfiteatro y otros espectáculos semejantes, porque se ve siempre lo mismo, y la monotonía engendra tedio en el espectáculo, del mismo modo podrá también sucederte a lo largo de tu vida, puesto que todas las

cosas, de arriba abajo, son siempre las mismas y provienen de idénticas causas. Y esto ¿hasta cuándo?

47. Medita sin cesar cuántos hombres de todas clases, de todas las profesiones, de todos los pueblos, murieron ya. Desciende de este modo hasta Filistión, Febo, Origanión.[6] Pasa ahora a otras clases de gente. Conviene, pues, que nos traslademos hacia donde llegaron tantos elocuentes oradores, tantos graves filósofos: un Heráclito, un Pitágoras, un Sócrates, tantos héroes primero, tantos generales y tiranos después. Añade a estos un Eudoxo, un Hiparco, un Arquímedes, otros ingenios agudos, nobles espíritus, activos, industriosos, encarnizados motejadores de esta vida humana, caduca y efímera, como Menipo y otros semejantes. Acerca de estos, considera que murieron hace tiempo. ¿Y qué hay ahí, para ellos, de extraordinario? ¿Y qué, para aquellos de quienes ni siquiera queda el nombre?

En fin, de una sola cosa debemos hacer aprecio: de transcurrir la vida en medio de la sinceridad y la justica, tratando con benevolencia a los falsos y a los injustos.

48.[7] Cuando desees alegrar tu corazón, ponte a considerar la ventajosa superioridad de tus compañeros, por ejemplo, la laboriosidad de este, la circunspección de aquel, la liberalidad de uno y cualquiera prerrogativa de otro. Nada nos deleita tanto como los ejemplos de las virtudes que resplandecen en la conducta de los compañeros y nos entran por los ojos como apiñadas en tropel. Por esto conviene tenerlas a mano siempre.

49. ¿Llevas a mal por ventura el que peses tantas libras y no llegues a las trescientas? Haz lo mismo, según esto, si has de vivir hasta un número determinado de años, y no más. Igual que te contentas con

la parte de substancia que te ha tocado, así también con la cantidad del tiempo.

50. Insiste en persuadir a tus prójimos, pero obra en consecuencia, bien que resistan, cuando el derecho de la justicia lo exige. Con todo, si alguno usa de violencia para cortarte el camino, torna a la complacencia y a la tranquilidad; utiliza esta resistencia para ejercitar otra virtud y acuérdate de que emprendías el asunto no sin discreción, que no pretendías imposibles. ¿Cuál era, pues, tu objetivo? El de lograr este mismo intento. Y lo has conseguido. Desde que has dado el primer paso, se efectúa la acción.

51. El que ambiciona la gloria hace consistir la propia felicidad en la actividad ajena; el voluptuoso, en el goce de sus pasiones; el cuerdo, en su propio proceder.

52. Te es lícito, a algún respecto, no formar juicio alguno y evitar la inquietud del alma; que las cosas en sí mismas no tienen una naturaleza tan poderosa que nos obligue a formular nuestros juicios.

53. Acostúmbrate a prestar la máxima atención a lo que dice el otro y, en cuanto te sea posible, intérnate en el alma del que habla contigo.

54. Lo que no es útil a la colmena no lo es tampoco a la abeja.

55. Si los marineros maltratasen al piloto y los enfermos al médico, ¿se preocuparían ambos, sin embargo, de otra cosa que de los medios de acción para salvar a la tripulación, el uno, y para sanar a los enfermos, el otro?

56. ¡Cuántos hombres que entraron conmigo en el mundo ya salieron de él!

57. A los ictéricos paréceles amarga la miel; los que han sido mordidos por un perro rabioso temen el agua, y los niños encuentran deleitosa la pelota.[8] ¿A qué, pues, enojarse? ¿Te parece que puede menos el error de la mente que la bilis en el ictérico y el veneno en el que padece mal de rabia?

58. Nadie te impedirá que vivas según los dictados de tu naturaleza y nada te acontecerá que viole los dictados de la naturaleza común.

59. ¿Quiénes son aquellos a quienes deseamos agradar? ¿Y con qué miras, por qué procedimientos? ¡Cómo en breve sepultará todas estas cosas el tiempo, y cuántas ha sepultado ya!

MEDITACIONES

LIBRO VII

✦

1. ¿Qué viene a ser el vicio? Es lo que has visto a menudo. Y así, en todo suceso, ten a mano esta reflexión: esto ya lo has visto muchas veces. Absolutamente, desde el principio al fin encontrarás los mismos sucesos que colman las historias, las antiguas, las medias y las contemporáneas, que colman nuestras ciudades y nuestras familias. Nada es nuevo. Todo es cosa trillada y efímera.

2. Los principios de la filosofía viven. ¿De qué modo podrían morir, a no ser que se amortigüen las ideas que les corresponden? Y de ti depende el avivarlas sin cesar. Yo puedo formarme, sobre este y aquel asunto, la opinión debida. Y si puedo, ¿por qué me turbo? Lo que pasa fuera de mi mente, nada tiene que ver con ella. Mantente en esta disposición y hete ahí en el recto camino.

Tienes en tu mano el revivir. Mira de nuevo las cosas con los mismos ojos con que antes las has visto, que en esto consiste el revivir.

3. La vana afición al fausto, las representaciones teatrales, los rebaños de ganado mayor y menor, las justas con lanzas son como el lanzar huesos a los perros y migajas a los peces en la alberca, como el

fatigoso esfuerzo de las hormigas excesivamente cargadas, las carreras en todos sentidos de los ratoncillos amedrentados, las figurillas de los titiriteros. Conviene, pues, asistir a estos entretenimientos con gusto, sin mostrarse demasiado reacio; entendiendo, no obstante, que cada uno vale a tenor de lo que valen los fines en que pusiere su estudio.

4. Conviene atender, palabra por palabra, a lo que se está diciendo y a cada uno de los impulsos de lo que se está haciendo. Y a la verdad, en este último caso, importa mirar ante todo a qué fin se refiere el intento; pero en el otro, deberá repararse bien en el significado de las palabras.

5. ¿Bástame mi talento para el tal negocio, o no? Si me es suficiente, me valgo de él para el efecto, como de un instrumento dado por la naturaleza universal. Si no me basta, o cedo el asunto a quien sabrá darle más feliz remate, salvo que las conveniencias se opongan, o lo ejecuto lo mejor que pueda, tomándome un compañero capaz de hacer, con la ayuda de mi recto juicio, lo que sea oportuno y útil a la sociedad. Visto que cuanto yo hiciere, por mí mismo o con el favor de otro, debe encaminarse únicamente a la utilidad y armonía con la comunidad.

6. ¡Cuántos hombres, antes muy celebrados, han caído ya en el olvido! ¡Y cuántos, asimismo, que los festejaron, han desaparecido tiempo ha de la memoria de los hombres!

7. No te desazones por la ayuda ajena. Lo que te incumbe es cumplir con tu deber, como conviene al soldado asaltar la muralla. ¿Qué harías si por una cojera no pudieras escalar por ti solo las almenas y te fuera posible con la ayuda de otro?

8. No te perturbe el futuro. Saldrás a su encuentro, si fuere necesario, armado de la misma razón de que te sirves ahora en los asuntos presentes.

9. Todas las cosas están encadenadas entre sí, y su conexión es tan sagrada,[1] que ninguna, por así decirlo, es extraña respecto de la otra, pues todas han sido coordinadas y contribuyen de consuno al buen orden del universo. Y es que el mundo es un compuesto de todas estas cosas; uno, el dios derramado en todas ellas; una la sustancia, una la ley, una la razón común a todos los seres intelectivos; una la verdad, pues una es también la perfección de los seres que son de un mismo género y participan de la misma razón.

10. Todo lo material desaparece muy en breve en la substancia común del universo; toda causa se reasume, en un momento, en la razón universal; la memoria de todas las cosas se sepulta prontamente en la eternidad.

11. Para un viviente racional, es una misma la acción que se conforma con la naturaleza o con la razón.

12. Conviene que seas hombre recto, o que seas enderezado.[2]

13. A la manera que los miembros de un cuerpo en los seres que forman un todo, a ese modo las criaturas racionales, aunque pertenecientes a seres distintos, están constituidas para cooperar a un mismo fin. Esta consideración se te imprimirá más fijamente, si muchas veces te dices: *«Yo soy un miembro (μEλοϱ) de este sistema formado por las naturalezas racionales»*. Pero si te limitas a decir, usando de la letra ϱ: *«Yo soy una parte (μEpor) de dicho sistema»*,[3] es que no amas aún de corazón a los hombres, que no te complaces

debidamente en hacerles bien; lo haces siempre meramente por decoro, no como si también redundase en tu provecho.

14. Acaezca exteriormente lo que se quiera, a quienes están sujetos a padecer semejante accidente. Quéjense ellos, si quieren, que tienen de qué dolerse. Pues yo, mientras no opine que hay algún mal en lo acaecido, no experimento aún daño alguno. Y en realidad, en mi mano está el no imaginármelo.

15. Haga o diga el otro lo que le cuadre, conviene a mí ser hombre de bien. No de otra suerte que si el oro, la esmeralda o la púrpura repitiesen: por más que se haga o se diga, conviene que yo sea esmeralda y conservar mi propio color.

16. El recto juicio no se perturba a sí mismo, quiero decir, no se amedrenta ni excita en sí las pasiones.[4] Si algún otro puede atemorizarle o consternarle, hágalo. Pues mi recto juicio, usando de la facultad de opinar, no se moverá por sí mismo a semejantes afectos. Cuide de sí el cuerpo, si puede, para que no le venga algún trabajo, y, de venirle alguna molestia, levante la voz. El alma a quien se quiere intimidar o afligir, pero que absolutamente opina acerca de estas afecciones, nada tiene que sufrir: su condición no la obliga a un tal dictamen. El recto juicio, de suyo, se basta a sí mismo, a menos que se acarree él mismo una necesidad; y no está, por ello, sujeto a turbaciones y embarazos, a no ser que se perturbe o embarace a sí mismo.

17. Consiste la felicidad en un buen numen interior y una buena facultad rectora.[5] ¿Qué quieres hacer acá, en vista de esto, imaginación mía? Vuélvete, en nombre de los dioses, según viniste. Para nada te necesito. Has venido según tu antigua costumbre. No me irrito contra ti, solo te ruego que te vayas.

18. ¿Temes trasmudarte? Pero ¿es qué puede producirse algo si no es por mutación? ¿Y qué otra cosa hay más agradable y familiar a la naturaleza del universo? ¿Por ventura podrás tú tomar un baño caliente, sin que se trueque en fuego la leña? ¿Puedes nutrirte, sin que los alimentos experimenten un cambio? ¿Acaso puede llevarse a cabo una acción útil, que no requiera una mutación? Ahora, pues, ¿no ves que tu propio cambio viene a ser un hecho semejante e igualmente necesario a la naturaleza universal?

19. La sustancia del universo arrastra, a manera de un torrente, todos los cuerpos: estos forman un mismo ser con el todo y conspiran a una misma obra, no de otro modo que nuestros miembros entre sí.

¡Cuántos Crisipos, cuántos Sócrates, cuántos Epictetos ha absorbido ya el tiempo! Que la misma reflexión se nos ocurra respecto de cualquier hombre y cosa particular.

20. Una sola cosa me hace andar fuera de mí mismo, y es que acaso haré yo lo que no quiere que haga la condición del hombre, o lo haré del modo que ella no quiere, o haré lo que no quiere en este momento.

21. Pronto habrás echado todo en olvido; pronto todos se habrán olvidado de ti.

22. Propio es del hombre el amar incluso a los que le ofenden.[6] Esto es lo que tú harás si tienes presente que también ellos son tus allegados; que pecan por ignorancia o involuntariamente; que dentro de poco, tanto tú como ellos moriréis; y, sobre todo, que ellos no te causaron ningún daño, ya que no han hecho a tu facultad rectora peor de lo que antes era.

23. La naturaleza del universo usa de la substancia común para modelar, como de una cera, ahora un potro; luego, refundiendo este, se

sirve de su materia para producir un árbol; más adelante un hombre, y finalmente cualquier otra cosa. Y cada uno de estos seres no ha subsistido más que por un tiempo muy limitado. Pero nunca es penoso a una arquilla el que la desmonten, como no lo fue el que la fabricasen.

24. El semblante que transpira odio es muy contrario a la naturaleza. Y cuando se afecta uno a menudo, la gracia natural del rostro se apaga y acaba por echarse a perder, de suerte que es imposible ya luego recuperarla. De esto mismo puede colegirse que tal estado es contrario a la naturaleza, porque si uno llega a perder la conciencia del mal obrar, ¿a qué fin ha de prolongar su vida?

25. La naturaleza, que todo lo gobierna, va a transformar muy en breve todo cuanto ves; de su substancia hará nacer otras cosas, y de la substancia de estas, otras, para que el mundo vaya siempre rejuveneciéndose.

26. Cuando alguno delinca en algo contra ti, considera al punto qué juicio del bien y del mal se formó al faltar. Porque discurriendo sobre esto, le compadecerás, sin sorprenderte ni moverte a indignación. Porque, o te formarás tú también el mismo dictamen que él sobre el bien, u otro semejante, y así será razonable que le perdones; o no compartirás su opinión sobre el bien y el mal, y te será más fácil perdonarle por su ignorancia.

27. No pienses tanto en los bienes ausentes como en los presentes; aun entre los presentes, para la consideración sobre los más aventajados y, con este motivo, imagina con qué solicitud los buscarías, si no los tuvieses. Pero guárdate al mismo tiempo de que, complaciéndote en la posesión de los bienes presentes, no te acostumbres a tenerlos en tanta estima que, si alguna vez te faltaren, hayas de perturbarte.

28. Recógete dentro de ti mismo. La mente que te dirige es tal por naturaleza, que se basta a sí misma cuando practica la justicia y, con ello, conserva su calma.

29. Elimina la imaginación. Reprime estos movimientos instintivos de marioneta. Cíñete al momento presente. Penetra bien lo que acontezca a ti o a otro. Divide o analiza todo objeto en su causa eficiente y material. Piensa en tu última hora. Deja la falta cometida por otro allí mismo donde nació.

30. Coteja cuidadosamente la idea y las palabras. Penetra, con consideración, los efectos y las causas.

31. Adórnate con la sencillez, la modestia y la indiferencia acerca de las cosas median entre la virtud y el vicio. Ama al linaje humano. Toma a Dios como guía.

Aquel afirma[7] que *«todo está sujeto a la ley, que solo los átomos son reales»*. Te basta reflexionar[8] un poco para saber que todas las cosas están sujetas a ley, no solo unas pocas.

32. Por lo que se refiere a la muerte, o es dispersión, si hay átomos, o, si el mundo forma un todo, es extinción o trasmutación.

33. Por lo que toca al dolor,[9] si es insoportable, mata; si da largas, es tolerable. La inteligencia puede, vertiéndose en sí misma, conservar su paz, sin que se deteriore en algo el principio rector. En cuanto a los miembros que el dolor maltrata, explíquense contra él, si pueden, y den su queja.

34. Respecto a la gloria, examina los pensamientos de los ambiciosos, cuáles sean en sí y cuáles los objetos de sus temores y sus

deseos. Y que, como las dunas se acumulan unas sobre otras, ocultando las primeras, así, en la vida, los sucesos anteriores se ven presto sepultados por los que ocurren después.

35. *«¿Por ventura juzgas que el alma dotada de una cierta generosidad y capaz de abarcar toda la idea de la eternidad y de toda la naturaleza, hace gran caso de la vida humana?*

»—Imposible —contestó él.

»—Entonces ¿no considerará esta tal alma la muerte como un infortunio?

»—De ningún modo.»[10]

36. *«Es cosa regia hacer mercedes, recibiendo en pago calumnias.»*[11]

37. Es vergonzoso que el semblante esté dispuesto a fingirse y ajustarse a merced de la inteligencia, mientras esta es incapaz de acomodarse y componerse a sí misma.

38. *«No es razón enojarse contra las cosas, pues ellas no se cuidan de enojos.»*[12]

39. *«A los dioses inmortales y a mí danos motivos de regocijo.»*[13]

40. *«Débese segar la vida, a guisa de madura espiga: continúe uno existiendo, y no el otro.»*

41. *«Si los dioses me desestiman a mí y a mis dos hijos, no es ello sin razón.»*

42. *«A mí se inclinan el bien y la justicia.»*[14]

43. No te asocies a los lamentos de los afligidos, ni a sus conmociones.

44. *«Yo a este tal le opondría esta justa razón: no piensas rectamente, amigo, si crees que un varón, aun siendo de poca suposición, debe calcular el riesgo que tiene de sobrevivir o de morir, en vez de examinar únicamente, cuando obra, si sus acciones son justas o injustas, propias de un hombre de bien o de un malhechor.»*[15]

45. *«Así es, en realidad, atenienses. Cuando uno ocupare un cargo, porque se le ha juzgado por mejor o porque lo ha asignado el magistrado, en él conviene que persevere, según mi dictamen, aunque corra peligro, no estimando en nada la muerte o cualquiera otra cosa, a trueque de evitar la infamia.»*[16]

46. *«Pero, oh venturoso mortal, mira si el ser noble, el ser bueno, sea otra cosa que el conservar tu vida y la de los otros. Este afán de vivir por tanto tiempo, no debe preocupar a un hombre digno de tal nombre; no se debe amar sobrado la existencia, antes bien dejar a los dioses esos cuidados y dar crédito al dicho de las mujeres que nadie puede evadirse del destino. Solo deberá pensar, en cuanto depende de él, en el mejor medio de pasar lo más dignamente posible todo aquel tiempo que hubiere de gozar de la vida.»*[17]

47. Abraza con la mirada el curso de los astros, como quien evoluciona con ellos, y considera sin cesar las mutuas conversiones de los elementos. Estas consideraciones purifican de las máculas de esta vida terrestre.

48. Es bello aquel pasaje de Platón: *«Importa mucho a quien discurra sobre los hombres, que considere asimismo, como desde un lugar elevado, lo que pasa en la redondez de la tierra: las multitudes, los ejércitos,*

las labranzas, los matrimonios y divorcios, los nacimientos y muertes, el barullo de los tribunales, los países desiertos, las diversas poblaciones bárbaras, las fiestas y lutos, las ferias, toda la baraúnda y el armonioso conjunto de los contrastes».[18]

49. Con la consideración de las cosas pasadas y de tantos cambios como se operan en el presente, se puede asistir de antemano al futuro. Porque el aspecto será siempre el mismo, no siendo posible que se salga del ritmo de los acontecimientos. De aquí es que contemplar por cuarenta años lo que pasa en la vida humana, o por diez mil años, viene a ser lo mismo. Pues ¿qué más habrías de ver?

50. *«Y lo nacido de tierra vuelve a la tierra; lo que surge de un germen del éter torna a la bóveda celeste.»*[19]

Y es esto la disolución del enlace que tienen entre sí los átomos, o parejamente, la dispersión de los elementos insensibles por naturaleza.

51. También: *«Mediante alimentos, bebidas y sortilegios, se intenta desviar el curso del destino, para evitar la muerte».*[20] *«Tras el gran soplo del viento suscitado por los dioses, por fuerza nos iremos entre llantos laboriosos.»*[21]

52. En buena hora sea otro más hábil luchador que tú; pero que ninguno sea más sacrificado para el bien social, ni más circunspecto, ni más bien dispuesto a lo que acontezca, ni más indulgente respecto a los desprecios del prójimo.

53. Dondequiera que pueda cumplirse un deber según lo pide la razón común a los hombres y a los dioses, no hay ahí nada que temer, pues cuando el hombre logra la utilidad en una actividad bien encauzada, y tiene éxito según su condición humana, no hay que sospechar mal alguno.

54. En todo y por todo pende de tu arbitrio, ya el complacerte piadosamente en la actual disposición de la providencia, ya el tratar según justicia con tus contemporáneos, ya el vigilar cuidadosamente la idea del momento presente, a fin de que ni aun lo más recóndito se te pase por alto.

55. No te afanes en escudriñar el alma ajena, antes bien mira de hito en hito hacia aquel término adonde te conduce la naturaleza, ya sea esta la universal por medio de los sucesos que te acontezcan, ya la tuya propia por razón de los deberes que te impone. Cada uno tiene la obligación de hacer lo correspondiente a su estado. El resto de los seres fue dispuesto para servir a los racionales, y, en toda otra cosa, los inferiores se hacen por respecto de los superiores, pero los racionales han sido hechos para ayudarse mutuamente.

Y así, el carácter que predomina en la condición humana es el de la sociabilidad; el segundo, es la facultad de no rendirse a los halagos de los sentidos, porque es propio de la facultad racional e intelectiva el ceñirse a determinados límites, sin dejarse vencer jamás por los movimientos sensuales e impulsos instintivos, pues ambos son propios de los brutos; mientras, el movimiento intelectivo pretende mantener su supremacía, y no quiere ser subyugado por ellos, y con razón, pues por naturaleza debe servirse de ellos. Lo tercero en la naturaleza racional es el no incurrir en precipitaciones de juicio ni en la facilidad de dejarse engañar. Adhiriéndose, pues, el recto juicio a estos privilegios, prosiga su camino derecho y logre lo que le concierne.

56. Como si estuvieras ya muerto al mundo y como si fuese el instante presente el término de la vida, conviene que vivas según dicta la naturaleza el resto de lo que te quede de vida.

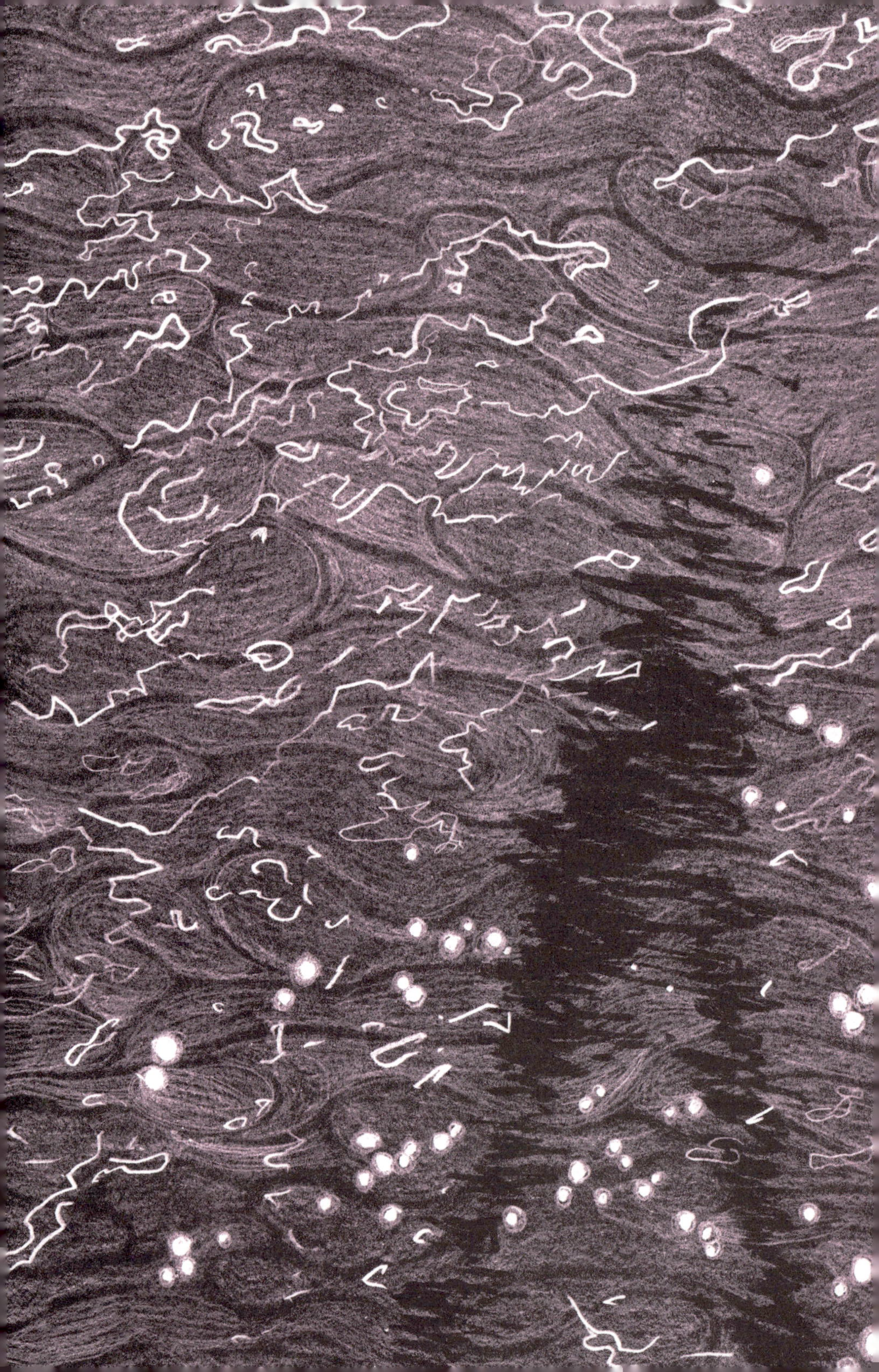

57. No te aficiones más que a lo que te acontezca y a lo que forme la trama de la vida. ¿Pues qué otra cosa podrá serte más oportuna?

58. En todo evento haz por guardar la imagen de aquellos hombres a quienes aconteció lo mismo que a ti, pero que, después de llevarlo con hastío, extrañeza y reprobación, al cabo, ¿a dónde han ido a parar? A ningún lado. ¿Y entonces? ¿Quieres tú imitarles? ¿No es mejor dejar estos caprichos a quienes los producen y los sufren, y aplicarte, en un todo, a aprovecharte de los acontecimientos? Sacarás buen fruto de ellos y te servirán de materia en que te ejercites. Aplica tu atención y tu voluntad a estimarte a ti mismo en cuanto hicieres; y acuérdate de esta doble sentencia: la acción no importa en absoluto; importa solo la manera de obrar.[22]

59. Penetra tu interior. Dentro de ti está la fuente del bien, que puede manar sin cesar, si ahondas siempre.

60. Conviene que el cuerpo persevere firme, sin encorvarse en el movimiento ni en el reposo. Lo que la inteligencia puede hacer con el semblante, conservándolo mesurado y noble, se debe exigir igualmente de todo el cuerpo; bien entendido que es menester observar todo esto sin afectación alguna.

61. El arte de bien vivir se asemeja más a la palestra que a la orquesta, por cuanto es preciso estar uno sobre aviso, inconmovible, contra los accidentes súbitos e imprevistos.

62. Reconoce sin cesar lo que son estas personas cuyo testimonio aduces y qué principios rectores los gobiernan. De esta suerte, no los vituperarás si tropiezan involuntariamente, ni echarás de menos sus aprobaciones, si mirar es el origen de sus opiniones y de sus instintos.

63. Toda alma —se afirma— está privada, a pesar suyo, de la verdad.[23] Lo mismo le sucederá respecto de la justicia, la templanza, la benevolencia y de toda otra virtud semejante. Es absolutamente indispensable que a menudo te acuerdes de esto, pues así serás más indulgente con los demás.

64. En toda angustia, ten a mano esta máxima: esto no es indecoroso ni deteriora la inteligencia que me gobierna; pues no la corrompe, ni en cuanto es racional ni en cuanto es sociable.

Además, en las mayores cuitas, te puede valer esta máxima de Epicuro: el dolor no es insufrible ni eterno, si te acuerdas de sus límites y no lo imaginas mayor de lo que es en realidad. Advierte asimismo que muchas cosas que nos molestan son, sin que lo echemos de ver, verdaderos dolores, como la somnolencia, el exceso de calor, la inapetencia. Cuando, pues, alguna de estas cosas te fastidia, di para contigo: sucumbo al dolor.

65. Mira bien, no sea que alguna vez experimentes, respecto de los misántropos, lo que experimentan los misántropos respecto de los demás hombres.

66. ¿De dónde nos consta que Telauges[24] haya sido superior a Sócrates en disposiciones naturales? No basta saber que Sócrates haya tenido un fin glorioso, que haya disputado ingeniosamente con los sofistas, o haya resistido pacientemente una noche en vela sobre el hielo; que, al recibir la orden de prender a un ciudadano de Salamina,[25] la haya rehusado con bizarría; ni que se haya engallado por las calles públicas,[26] si bien deberíamos, de ser cierto este extremo, subrayarlo atentamente. Mas he ahí lo que cumple examinar: en qué disposición Sócrates tenía el ánimo; si se podía limitar a presentarse como justo en sus relaciones con los hombres, y religioso en sus

relaciones con los dioses, sin ensañarse con la perversidad de los primeros ni halagar tampoco la ignorancia de nadie; sin recibir como insólita, ni soportar como intolerable, cosa alguna de las que le estaban asignadas por su condición terrenal; y sin exponer, en fin, su inteligencia al contagio de las pasiones carnales.

67. La naturaleza no te fundió tan íntimamente con el compuesto que te integra, que no te fuese lícito contenerte dentro de ciertos límites y hacer pender de tu arbitrio lo que te es propio. Es posible que uno,[27] cultivándose hondamente, llegue a hacerse un hombre en sí divino, desconocido de todos. Acuérdate de esto, y también de que la felicidad en la vida depende de muy pocas cosas. No porque desconfíes de triunfar en la dialéctica o en el estudio de la naturaleza, debes renunciar por esto a la esperanza de llegar a ser libre, modesto, sociable, obediente a Dios.

68. Pasa la vida sin apremios, en la mayor delicia espiritual, aunque den todos las voces que quieran contra ti, aunque las fieras despedacen los miembros de esta masa blanda que te circunda. Pues ¿qué impide a tu alma que, entre tantos infortunios, no conserve su calina, no enjuicie exactamente los sucesos que le rodean y no se mantenga pronta en aprovecharse de los accidentes que se le interponen? De modo que, tu juicio dé a entender al objeto con que tropezare: «Tú, por esencia, eres esto, aunque para la opinión parezcas ser otro». Y cuando se trate de utilizar dicho objeto, le diga: «Yo iba buscándote. Cuanto a mí, todo lo que se me pone delante me sirve siempre de materia para practicar las virtudes propias de la razón y de la sociedad, y, en suma, para dedicarme a una obra peculiar de hombre o Dios». Puesto que, en efecto, todo lo que acontece se hace familiar a Dios o al hombre; nada es desacostumbrado ni difícil de manejar, sino muy sabido y de fácil ejecución.

69. La perfección moral lleva consigo que se viva cada día como si fuere el último, sin apresurarse ni amilanarse ni obrar con ficción.

70. Los dioses, aunque inmortales, no se enojan al ver que, al cabo de tantos siglos, deben aguantar absolutamente y siempre a los malvados, tantos y tales como hay. Por el contrario, toman cuidado de ellos. ¿Y es posible que tú, que en un momento dejarás de ser, renuncies a tolerarlos, y más siendo tú mismo uno de estos malvados?

71. Es cosa risible que no procures preservarte de tu propia maldad, pudiendo hacerlo, y en cambio intentes huir de la maldad de otros, lo que es imposible.

72. Todo lo que la facultad intelectiva y sociable hallare despojado de inteligencia y sociabilidad, con mucha razón lo tendrá por cosa de menos valer.

73. Cuando hubieres hecho un favor y otro lo hubiere reconocido, ¿qué otra tercera satisfacción buscas todavía, como hacen los necios? ¿La de pasar como bienhechor o ser pagado con una recompensa?

74. Ninguno se cansa de recibir beneficios. Pero hacerlos es una acción conforme con la naturaleza. No te canses, pues, de hacerlos, ya que así te favoreces a ti mismo.

75. La naturaleza universal emprendió la creación del mundo. Desde entonces, o bien todo lo que acontece sucede como consecuencia necesaria del primer impulso, o bien todo es irracional, incluso los objetos más capitales, a los que la mente gobernadora del mundo aplicó especial esmero. Teniendo esto presente, podrás ofrecer a las más de las cosas un rostro sereno.

MEDITACIONES
LIBRO VIII

✦

1. Otra cosa asimismo te persuade a renunciar a la vanidad: y es que en adelante no puedes lisonjearte de que toda tu vida, por lo menos la que medió desde tu juventud a esta parte, haya sido la de un filósofo; antes bien, a los ojos del mundo y a los tuyos propios, has permanecido manifiestamente alejado de la filosofía. Te has confundido, de modo que no te será fácil en el porvenir adquirir el nombre de filósofo, a lo cual también se opone la esencia de tu vida.

Ahora bien, si realmente ves cómo se plantea esta cuestión, no te preocupes de lo que pensarán de ti. Conténtate con que vivas el tiempo que te queda, sea de la duración que fuere, según te dicte tu naturaleza. Considera lo que ella exige y no te distraiga otro cuidado. Has aprendido, en cuantas cosas anduviste errado, que en ninguna parte se halla la felicidad, ni en los silogismos, ni en la riqueza, ni en la gloria, ni en el placer, ni en parte alguna. Pues entonces ¿en qué consiste? En hacer lo que exige la naturaleza humana. ¿Y cómo se logrará? Poseyendo principios que regulen los instintos y los actos. ¿Y cuáles son estos principios? Los que deciden del bien y del mal, de modo que no se repute por bien del hombre lo que no le hace justo, moderado, decidido e independiente, ni por mal lo que no le causa efectos opuestos.

2. En cada una de tus acciones, hazte la pregunta: ¿cómo me va en eso? ¿No tendré luego que arrepentirme de ello? Dentro de poco habré muerto, y todo se acabará. ¿Qué más puedo buscar si obro al presente como un ser inteligente, sociable, relacionado, por igualdad de derechos, con Dios?

3. ¿Qué tienen que ver Alejandro, César, Pompeyo, frente a Diógenes, Heráclito, Sócrates? Estos han penetrado las cosas, sus causas, sus efectos, y se guiaban por excelentes principios rectores.[1] Aquellos, en cambio, ¡cuántas cosas desconocían, a cuánta servidumbre se obligaban!

4. Entiende que los hombres cometerán siempre, aunque te exaspere, los mismos errores.

5. Lo principal es que no te turbes, pues todo acontece según lo ordena la naturaleza universal, y dentro de poco no serás ya nadie, sin dejar rastro en ninguna parte, lo mismo que Adriano, lo mismo que Augusto. Después, teniendo los ojos fijos sobre tu obra, indágala en sí misma, y, reflexionando que lo que te conviene es ser hombre virtuoso, ejecuta derechamente y de la manera que te parezca más justo lo que reclama de ti la naturaleza humana; solo que has de hacerlo con intención sana, con modestia y sin doblez.

6. La misión de la naturaleza universal se reduce a trasladar allí lo que estaba ahí, a transformarlo, a quitarlo de aquí y llevarlo allá. Todo es mutación,[2] pero también todo es cosa sabida; de modo que

no se puede tener algo de nuevo; y también son equivalentes las disposiciones distribuidas a cada uno de los hombres.

7. Todo ser natural se contenta con seguir prósperamente su camino. Pero la naturaleza racional solo lo sigue felizmente cuando no asiente a ninguna idea falsa o dudosa; cuando encamina sus instintos únicamente a las acciones útiles a la colectividad; cuando se rige solo por su arbitrio en sus deseos o en sus aversiones, y acepta de buena gana todo lo que le depare la común naturaleza. Pues es ella una parte de esta, como la naturaleza de la hoja es una parte de la naturaleza del árbol, solo con la diferencia que aquí la naturaleza de la hoja es parte de una naturaleza insensible, irracional y susceptible de ser estorbada en sus operaciones. Al contrario, la naturaleza del hombre forma parte de una naturaleza libre, intelectiva y justa, pues distribuye equitativamente a cada uno de los seres, en proporción a su merecimiento, el tiempo, la sustancia, la causa, la energía, el accidente. Advierte empero que no encontrarás la equivalencia en todos los casos si comparas separadamente una unidad con otra unidad, pero sí cotejando globalmente el conjunto de una especie con el conjunto de otra.

8. No podrás, por tu ignorancia, leer un libro. Pero puedes reprimir toda alteración, puedes dominar el deleite y el sufrimiento, puedes sobreponerte a la vanagloria, no irritarte contra los necios e ingratos, y aun mirar por sus intereses.

9. Que nadie te oiga quejarte de la vida que se lleva en la corte; ni te oigas tú quejarte.

10. El arrepentimiento es cierto reproche de sí mismo por haber omitido hacer algo provechoso, dado que el bien es necesariamente

una cosa útil y acreedora a que el hombre honesto la ambicione. Por otro lado, jamás un hombre recto se arrepentiría de haber desdeñado algún placer. Luego, el placer ni es cosa útil ni es bien alguno.

11. ¿Qué viene a ser este objeto, en sí mismo, según su propia condición? ¿Cuál es su sustancia, su materia, su causa formal? ¿Qué hace en el mundo? ¿Cuánto tiempo va a durar?

12. Cuando te sientas enfadado por levantarte de dormir, acuérdate de que es correspondiente a tu condición y a la naturaleza humana el producir acciones útiles al bien de la sociedad; y que el dormir es común también a los seres privados de razón. Así pues, lo que es conforme con la naturaleza de cada uno, le es más propio y adecuado, y sin duda le es también mucho más agradable.

13. En cuanto te sea posible, aplica siempre a cada idea que te venga la ciencia de la naturaleza, la de las pasiones y la de la dialéctica.

14. Con cualquiera que te cruzares, pregúntate: este tal ¿qué principios tiene por lo que concierne al bien y al mal? Pues si acerca del placer y el dolor y de las causas de donde proceden el uno y el otro, acerca de la gloria y la ignominia, acerca de la muerte y la vida, tuviere tales o cuales principios, no me extrañará ni me parecerá extraordinario que ejecute tales o cuales acciones; antes bien, me acordaré de que se ve obligado a obrar de ese modo.

15. Ten presente que, del mismo modo que sería extravagante admirarse de si la higuera produce higos, asimismo lo es extrañarse de si el mundo produce tales o cuales frutos que son propios de su condición. Como sería también impropio al médico extrañarse de

que el enfermo tuviese calentura y al piloto, de que le soplase un viento contrario.

16. Acuérdate de que también es acto de libertad el mudar de parecer, según el aviso de quien te encamina; porque es tuya esta actividad, y procede conforme a tu voluntad y tu resolución, y, por ello, según tu propia inteligencia.

17. Si esto depende de tu arbitrio, ¿por qué lo haces? Y si de otro, ¿a quién censuras? ¿A los átomos o a los dioses? En ambos casos, es locura.

No conviene habérselas contra nadie. Porque, si eres capaz, enmiéndale. Si eres incapaz, enmienda al menos su acción. Pero, si aun de esto eres incapaz, ¿qué utilidad sacas de irritarte? No hagas nada porque sí.

18. De todo cuanto muere nada sale fuera del mundo. Si permanece aquí, es que se transmuta y se disuelve en sus propios elementos, que son los del mundo y los tuyos. Y estos elementos padecen su mutación sin murmurar.

19. Cada ser nació con algún destino, como el caballo y la vid. ¿Te admiras de esto? También el sol nació destinado para una función, así como los otros dioses. Según ello, ¿para qué fuiste tú creado? ¿Para disfrutar? Reflexiona si puede sustentarse este pensamiento.

20. La naturaleza tiene su mira en cada cosa, no menos por lo que toca al fin de todas ellas que por su principio y duración, como el jugador al lanzar la pelota. Pues ¿qué bien resulta a la pelota al remontarse a lo alto, o qué pérdida al descender o caer en tierra? Y ¿qué interés percibe la burbuja permaneciendo hinchada, o qué daño al quebrarse? Y lo mismo se puede decir del candelero.

21. Da una vuelta al cuerpo, contémplalo cual es de suyo, y cómo será cuando haya envejecido, enfermado, muerto.

Corta es la vida de quien alaba y de quien es alabado, de quien se acuerda de alguien y de quien es recordado. Además, acontece esto en un rincón del mundo; y aun allí no logran ponerse todos de acuerdo; ni siquiera uno solo suele ir acorde consigo mismo. ¡Y toda la tierra no es más que un punto!

22. Pon tu atención en lo que tienes entre manos, vigila la actividad en curso, el principio idóneo, el sentido de las palabras.

Con razón llevas tu merecido. Pues esperas aplazar hasta mañana el ser bueno antes que serlo desde hoy mismo.

23. ¿Ejecuto algo? Lo hago refiriéndolo al bien de los hombres. ¿Me sucede algún quebranto? Lo acepto refiriéndolo a los dioses y a la fuente común de donde traen su origen de consuno todos los acontecimientos.

24. Cual se te presenta a la vista el baño que tomas —aceite, sudor, viscosidad, agua turbia, toda suerte de suciedad—, tal es cualquier parte de la vida y cuanto nos pertenece.

25. Lucila dio sepultura a Vero;[3] después fue sepultada Lucila; Secunda, a Máximo; después, Secunda; Epitincano, a Diótimo; luego, Epitincano; Antonino, a Faustina; luego, Antonino. Y siempre lo mismo: Celer, a Adriano; luego, Celer. ¿Y en dónde paran aquellos ingenios agudos, ora hábiles en prever el futuro, ora henchidos de orgullo? Llamo «ingenios agudos», por ejemplo, a un Cárax, a un Demetrio el platónico,[4] a un Eudemón y sus semejantes. Todo ello es efímero, muerto tiempo ha. De muchos, no ha quedado memoria ni un instante; otros, han pasado a ser fábula, y algunos cayeron ya de las fábulas en un olvido absoluto. Ten presente, pues, que será

forzoso, o que ese tu compuesto se disperse, o que se extinga tu espíritu o emigre para situarse en otra parte.

26. La complacencia del hombre consiste en cumplir su deber de hombre. Y deber privativo del hombre es la benevolencia para con sus semejantes, el desprecio por los movimientos sensuales, el discernimiento de las ideas probables, la contemplación de la naturaleza universal y de lo que se produce conforme a sus leyes.

27. Cada uno tiene tres géneros de dependencia; el uno con el espectáculo del mundo que nos rodea, el otro con la causa divina, origen de cuanto acontece a todos los seres; el tercero, con nuestros contemporáneos.

28. El dolor es pernicioso, sea para el cuerpo —¡y en este caso que él se queje!—, sea para el alma. Pero esta tiene en su mano el mantener su serenidad y su calma y no opinar que el dolor sea un mal; porque todo juicio, afecto, apetito y aversión está en nuestro interior, adonde nada más penetra.

29. Borra los desvaríos de tu fantasía, repitiéndote sin cesar: pende de mí en este momento el que no haya en esta mi alma el menor vicio, ni deseo, ni, absolutamente, ninguna agitación. Antes bien, veo todas las cosas como son en sí y uso de cada una según su mérito. No olvides esta facultad que te otorgó la naturaleza.

30. Habla, tanto en el Senado como ante cualquiera, con decencia y claridad: usa de un lenguaje sano.

31. La corte de Augusto, su mujer, su hija, sus descendientes, sus ascendientes, su hermana, Agripa, sus parientes y domésticos, sus

amigos, Areo,[5] Mecenas, sus médicos, sus arúspices... en definitiva, toda esa corte murió. Atiende después a otros, considerando no la muerte de cada hombre en particular, sino una descendencia, como los Pompeyos. No te olvides de aquella inscripción que suele grabarse sobre los sepulcros: *«El último de su linaje»*. Piensa con cuánta solicitud se habían afanado sus antepasados en dejar un heredero; fue preciso empero que alguno fuese el último: y esta vez, al fin, es la desaparición de toda una raza.

32. Conviene ordenar toda tu vida en cada una de las acciones, y si cada una de ellas logra el fin que le corresponde, en cuanto sea posible, date por satisfecho. Y que ellas alcancen el fin correspondiente, ninguno puede impedírtelo. «Pero lo inhibe una causa exterior.» Nada habrá que te impida practicar la justicia, la templanza, la prudencia. «Tal vez se opondrá otra cosa a mi facultad operativa.» Acaso: pero gracias a la resignación ante el obstáculo mismo, y a la sabia adhesión a lo que se presentare, se substituirá al instante otra acción que cuadre mejor al buen orden de vida, de que antes hablamos.

33. Recibe bienes sin engreírte, despréndete de ellos sin mostrar aversión.

34. ¿Has visto alguna vez una mano cercenada, un pie o una cabeza cortada y lanzada a cierta distancia del resto del cuerpo? Lo mismo hace consigo, según sus medios, el que no acepta lo que le acaece, y se separa a sí mismo del conjunto o ejecuta algo no conducente al interés común. Y tú, en cierto modo, te has excluido de la unión peculiar de la naturaleza, de la cual eres miembro por tu nacimiento: ahora te cercenaste tú mismo. Pero tan admirablemente se dispuso eso que puedes reunirte de nuevo al todo. El hombre es el único ser a quien Dios otorgó la facultad de incorporarse de nuevo

con su todo después de haberse separado y cercenado. Considera, por tanto, la bondad con que Dios ha honrado al hombre: ha puesto en su mano el que no se separase de todo punto del universo, y que, una vez segregado, pudiese restituirse de nuevo, fundiéndose con él y recuperando el lugar de miembro participante.

35. Al modo como cada uno de los seres racionales participamos de las facultades propias de nuestra especie, la naturaleza nos ha dotado además de una facultad común con ella. Pues de la misma manera que la naturaleza se apodera de todo obstáculo que se le opone en el camino y lo convierte en provecho suyo, colocándolo en el orden de su destino y haciéndolo su parte, de igual suerte el ser racional puede hacer que todo obstáculo le sea materia de virtud y valerse de este según le acomode.

36. No te conturbes la imaginación representándote de un golpe toda tu vida; no reflexiones a un tiempo cuáles y cuántas pruebas probablemente han de sobrevenirte; antes bien, en cada uno de los acontecimientos presentes, pregúntate: «¿Qué hay en esto que no sea soportable y llevadero?». Te abochornarías sin duda, de confesarlo. Haz luego memoria de que ni lo venidero ni lo pasado te son gravosos, sino siempre lo presente. Y todo menguará indeciblemente si lo circunscribes a tal presente, y te convences del error de tu inteligencia cuando confiesa que no puede enfrentarse con una cosa tan leve.

37. ¿Acaso Pantea o Pérgamo[6] permanecen todavía sentados junto al sepulcro de Vero? «Pero...» ¿Acaso Cabrias y Diótimo, junto al sepulcro de Adriano? «Ridícula pregunta. Pero ¿y qué?» Y si continuaran sentados, ¿acaso lo advertirían sus patronos? «¿Y entonces?» Y si lo advirtiesen, ¿acaso se consolarían? «¡En fin!» Y dado que se consolasen,

¿habían estos de ser inmortales? ¿No les estaba decretado primero que se hiciesen viejos, para morir luego? ¿Y qué podrían hacer más tarde sus patronos, una vez muertos aquellos? Y con mayor razón, no siendo todo esto más que hediondez y saco de podredumbre.

38. Si eres capaz de ver con perspicacia, mira bien tus juicios rodeándolos de la mayor prudencia.

39. En la constitución de una naturaleza racional no veo virtud alguna que se oponga a la justicia; pero contra el deleite, veo la continencia.

40. Si depusieres tu opinión acerca de lo que al parecer te aflige, al punto permanecerás tú mismo en la más completa seguridad. «¿Y quién es ese "tú mismo"?» La razón. «Pero yo no solo soy razón.» ¡Sea! Que la razón, pues, no se inquiete. Y si alguna otra cosa te aqueja, opine la razón sobre ello según le concierne.

41. Un obstáculo que dificulte la sensación es un mal para la naturaleza sensitiva; un obstáculo al apetito es asimismo un mal para la naturaleza sensitiva. Del mismo modo puede haber algún otro obstáculo y algún otro mal para la constitución vegetativa. Así pues, un estorbo a la inteligencia será un mal para la naturaleza intelectiva. Aplícate todo esto a ti mismo. ¿Te sobreviene un dolor, un placer? Añade esto a la sensibilidad. ¿Le sobrevino un embarazo al movimiento instintivo? Si te dejas llevar por este movimiento sin reserva, ya en esto mismo estaba el daño de tu naturaleza racional; pero si conservas tu inteligencia no serás aún lesionado ni obstaculizado. Ninguna otra cosa suele oponerse a lo que es propio de la inteligencia más que ella misma; pues a ella no le llegan ni el fuego, ni el hierro, ni el tirano, ni la calumnia, ni otra cosa. Cuando consigue ser como una *esfera bien redondeada*,[7] continúa siéndolo.

42. No tengo por justo el darme a mí mismo sinsabores, no habiendo dado jamás adrede sinsabores a otros.

43. Uno se deleita en una cosa, otro en otra. Pero yo me deleito en conservar sano mi principio rector, sin experimentar aversión por hombre alguno ni por cosa alguna que acontezca a los hombres; antes bien, mirándolo todo con buenos ojos, aceptando y usando de cada cosa según su mérito.

44. Hazte gracia, en fin, a ti mismo de este momento. Los que prefieren correr tras la gloria póstuma, no se hacen cargo de que los hombres del mañana serán como esos de ahora a quienes soportan; que también aquellos serán mortales. En suma, ¿qué te importaría que ellos te llevasen de boca en boca con tales dichos o formasen de ti tal opinión?

45. Cógeme y lánzame donde quieras; que allí conservaré todavía mi Genio plácido, esto es, se quedará él satisfecho, con tal que tenga y haga lo que corresponde a su condición. Pues, ¿será esto un motivo para que mi alma sufra y se envilezca, se abata, se entregue a los apetitos, confusa, atemorizada? ¿Y qué hallarás que de ello merezca la pena?

46. A ningún hombre puede acontecer algo que no sea un accidente humano, como al buey algo que no sea natural al buey, a la vid algo que sea ajeno a la vid, a la piedra algo que no sea propio de la piedra. Si, pues, a cada ser acontece lo que es conforme a su costumbre y naturaleza, ¿por qué te enojas? La naturaleza universal no te hará soportar lo que te sea insoportable.

47. Si alguna cosa exterior te entristece, no es ella la que te conturba, sino el juicio que te formas acerca de ella; pero en tu mano

tienes el abolir este juicio al instante. Mas si te da cuidado lo que se relaciona con la disposición de tu espíritu, ¿quién te impide rectificar tu opinión? De la misma manera, si te afliges a causa de no poner en ejecución lo que te parece recto, ¿por qué no redoblas los esfuerzos en ejecutarlo, antes que afligirte? «Pero me lo impide un obstáculo superior a mis fuerzas.» Entonces, no te consternes, que no es culpa tuya si no realizas tal obra. «Pero no soy acreedor a vivir si no lo ejecuto.» Salte, pues, tranquilamente de la vida, como se sale el que ha cumplido su misión, pero sin perder el buen ánimo ante los obstáculos.

48. Acuérdate de que la facultad rectora se hace inexpugnable cuando, recogida dentro de sí, se contenta con no hacer lo que no es su gusto, aunque solo se oponga por capricho. ¿Qué será, pues, cuando, gobernada por la razón, emita prudentemente un juicio? La inteligencia libre de pasiones es como una ciudadela; y realmente el hombre no tiene posición más segura donde retirarse para no ser en adelante capturado. Quien no la ha visto es un ignorante; quien, habiéndola visto, no se ampara en ella es un desdichado.

49. Cuenta únicamente con lo que te representan en su primer momento las ideas. ¿Se te avisa que te calumnian? Esto se te participa; que hayas recibido agravio, no se te anuncia. ¿Veo que enferma mi hijo? Lo miro; mas no veo que peligre su vida. Detente, pues, de esta suerte siempre en las primeras representaciones; no agregues otra cosa en tu interior y no te pasará nada. Antes bien, añade entonces que conoces cada uno de esos naturales acontecimientos que se suceden en el mundo.

50. ¿Es amargo el pepino? Échalo. ¿Hay zarzas en el camino? Desvíate. Eso basta. No prosigas diciendo: ¿Por qué se hicieron estas cosas

en el mundo? De otra manera, serías la burla del hombre que estudia la naturaleza, como se te reirían el carpintero o el zapatero si les reprocharas porque ves en sus talleres aserraduras y retazos de las materias que trabajan, aunque tienen adonde arrojarlos. Pero la naturaleza del universo de nada dispone fuera de sí; y lo más admirable de su arte consiste en que, no saliéndose de sus límites, resuelve en sí misma todo lo que en ella parece gastarse, envejecer, hacerse inútil, transformándolo, y crea luego con estos residuos otras cosas nuevas; y ello sin valerse de materiales extraños y sin necesitar de sitio adonde echar los desperdicios. Por ello se halla satisfecha con su propio lugar, con su misma materia y con su peculiar industria.

51. No des largas a tus acciones, no te embrolles en las conversaciones, no vagabundees con la imaginación; en una palabra, no se ahogue el alma en sí misma, ni se disperse al exterior; no absorba el tráfago tu vida.

Aunque te asesinen, te despedacen, te provoquen con maldiciones, ¿qué impide conservar tu inteligencia pura, sabia, prudente, justa? Es como si algún transeúnte, parándose cerca de una fuente cristalina y agradable, la injuriase; no por ello dejaría ella de manar su linfa saludable; aunque se le echase cieno y estiércol, al punto lo dispersaría, arrastrándolo, sin mancillarse. ¿Cómo, pues, poseer en ti un manantial inagotable? Crece a todas horas en independencia, pero acompañado de benevolencia, sinceridad y modestia.

52. El que no sabe lo que es el mundo no sabe dónde se encuentra. El que no sabe para qué nació no advierte quién es él mismo ni qué cosa es el mundo. El hombre que carece de alguna de estas noticias no podría decir con qué motivo vino al mundo. ¿Cuál te parece, pues, que será[8] el que ambiciona elogios o huye los vituperios de aquellos que no saben dónde están ni quiénes son?

53. ¿Quieres tú ser alabado del hombre que tres veces cada hora se maldice a sí mismo? ¿Quieres agradar a un hombre que no se agrada a sí mismo? ¿Y puede complacerse a sí mismo el que casi se arrepiente de todo cuanto hace?

54. No te limites en adelante a respirar el aire que te rodea, sino participa desde ahora en la sabiduría de la inteligencia que lo abarca todo, porque esta facultad intelectiva no menos se difundió por todas partes ni menos se introdujo en todo ser capaz de atraerla, que el aire en el ser capaz de respirarlo.

55. El vicio, en general, no produce daño alguno al universo; en particular, no perjudica a nadie, siendo solo nocivo al que tiene la facultad de poder eximirse de él, siempre que quiera decirlo así.

56. El libre albedrío de mi prójimo es igualmente indiferente a mi libre albedrío como su soplo y su carne. Puesto que, aunque en realidad los unos nacimos para los otros, la recta razón de cada uno posee su propia independencia; de no ser así, la maldad del prójimo vendría a ser un mal para mí. Pero Dios no lo ha decretado de este modo, porque, de lo contrario, estaría en manos de otro el que yo fuese desgraciado.

57. La luz del sol parece que está difundida, y en realidad está difundida en todos los sentidos, pero no se agota, porque esta difusión es extensión. Por esto, esos destellos de luz se llaman *áxtíver* (rayos), vocablo que trae su origen de *éxteívesoa* (extenderse).[9] ¿Y qué es un rayo? Lo verás, si observas la luz derramada por el sol cuando penetra por una hendidura en una habitación oscura: apunta en línea recta y se apoya, por así decirlo, en el primer cuerpo opaco con que tropieza cortándole el aire contiguo; y allí mismo

se para sin deslizarse ni caer. Así conviene que la inteligencia se difunda y dilate sin agotarse, sino extendiéndose. No debe chocar violentamente y con ímpetu contra los obstáculos que ocurran, ni menos todavía rebotar a lo lejos, sino detenerse y aclarar el objeto que la recibe. Y el que no quisiere recogerla, se privará a sí mismo de esta luz.

58. El que teme la muerte, teme o bien la insensibilidad o bien otro género de sentimiento. Si la sensibilidad queda anulada, no percibirás el menor mal; y si adquieres otra especie de sensibilidad, serás un ser diferente; y con ello no habrás cesado de vivir.

59. Los hombres han nacido los unos para los otros: tú, pues, o instrúyelos o aguántalos.

60. De un modo se dirige la flecha, de otro la mente. En realidad, cuando la mente se previene y se concentra en su reflexión, vuela en línea recta, no menos que la flecha, hacia el blanco propuesto.

61. Penetra en la mente de cada uno, y permite a otro cualquiera que se introduzca en la tuya.

MEDITACIONES
LIBRO IX

✦

1. El que peca contra la justicia, comete una impiedad. Pues, habiendo formado la naturaleza universal los seres racionales los unos para los otros, quiere que se ayuden mutuamente según su mérito, sin hacerse nunca mal alguno: el hombre que traspasa este deseo de la naturaleza comete evidentemente una impiedad contra la más venerable de las divinidades.

El que miente comete asimismo una impiedad contra la misma divinidad. Pues la naturaleza del universo es la naturaleza de lo existente; y lo que subsiste está íntimamente vinculado con las cosas preeminentes. A más de esto, se llama también Verdad a esta divinidad y ella es la primera causa de todas las verdades. De aquí es que quien miente voluntariamente atenta contra la piedad, en cuanto, engañando a otro, comete una injusticia; y también, el que miente involuntariamente, en cuanto no se conforma con la naturaleza universal y la propasa levantándose contra la naturaleza del mundo. Porque la vulnera el que se conduce, por lo que le concierne, contra la verdad; puesto que, habiendo recibido de la naturaleza las dotes necesarias, las ha despreciado, y ya luego se encuentra incapaz de discernir lo verdadero de lo falso.

Igualmente, es reo de iniquidad el que va en pos de los placeres como de un bien, y huye de los dolores como de un mal; porque será inevitable que este tal impropere constantemente a la naturaleza común, acusándola de distribuir sin justicia entre los malos y los buenos; pues acontece que los malos viven muchas veces en los deleites y ambicionan lo que los procura, mientras los buenos padecen los dolores y las causas que los engendran. Además, el que teme los dolores, temerá alguna vez algún suceso de los que van a acaecerle en el mundo, y esto es ya impiedad. El que corre tras los placeres, no podrá abstenerse de cometer alguna injusticia; y eso también es impiedad manifiesta.

Respecto de las cosas acerca de las cuales se muestra indiferente la naturaleza común —pues no hubiera creado indistintamente unas y otras si no se manifestara indiferente acerca de ambas—, conviene que los que quieren seguir la naturaleza imiten sus disposiciones manteniéndose indiferentes. Pues, quienquiera que no se mostrara de por sí indiferente acerca del dolor y el placer, la muerte y la vida, la gloria y la oscuridad, de las cuales no hace distinción la naturaleza universal, es evidentemente reo de impiedad.

Y entiendo que la naturaleza universal usa indistintamente de estas cosas, por lo mismo que suceden indistintamente según la concatenación de los hechos y sus consecuencias, atento al primitivo impulso de la providencia, que desde un cierto principio se propuso efectuar la organización del presente sistema, combinando ciertas razones de las cosas venideras y determinando las fuerzas capaces de producir las sustancias, las transformaciones y las sucesiones que vemos.

2. Sería indicio de varón muy perfecto el marcharse de entre los hombres ayuno de mentira, y de toda clase de falsedad, y de molicie, y de soberbia. Pero entregar el alma, al encontrarse harto de estos vicios, viene a ser la posterior maniobra del navegante, que falto de velas acude a los remos.[1] ¿Y aún preferirás asirte a estos vicios y no te persuadirá la

experiencia a huir de esta peste? Que es una peste la corrupción de la inteligencia, con mucha mayor razón que la infección y alteración análogas del aire que nos rodea; porque esta peste ataca a los vivientes, en cuanto son animales; y aquella, a los hombres, en cuanto son racionales.

3. No desprecies la muerte; recíbela, antes bien, de grado, como que es esta una de aquellas cosas que quiere la naturaleza. Porque es tal la disgregación de tu ser, cual es la juventud, la vejez, el crecimiento, la madurez, la aparición de los dientes, de la barba y de las canas, la fecundación, el embarazo, el alumbramiento y otros efectos naturales que llevan consigo las diversas edades de tu vida. Por esto, es propio del hombre dotado de razón no afligirse ante la muerte, ni apartarla rudamente, ni tratarla con altivez, sino esperarla como uno de los otros efectos naturales. Y a la manera que ahora aguardas el día en que el niño salga del seno de tu mujer, así se debe esperar la hora en que tu alma se escapará de la envoltura de su cuerpo.

Pero si quieres un precepto vulgar, corroborativo de tu corazón, te valdrá sobre todo para estar bien dispuesto con la muerte, la consideración hecha acerca de los objetos de que habrás de separarte y sobre las costumbres con las cuales tu alma no tendrá ya que mezclarse. No obstante, si bien de ningún modo conviene irritarse contra los hombres, sino mirarlos con benevolencia y llevarlos con dulzura, acuérdate que muriendo te librarás de unos hombres que no concuerdan con tus principios. Esta sola consideración, si fuese dable, te retendría y ataría a la vida, la de que se te concediera el vivir en una sociedad que siguiese tus mismos principios. Pero tú bien ves ahora qué fastidio produce el desequilibrio de la vida llevada en común, de suerte que uno se ve precisado a exclamar: «¡Ven cuanto antes, oh muerte, no sea que al fin también yo llegue a olvidarme de mí mismo!».

4. El que peca, peca contra sí; el que comete una injusticia, se la hace a sí mismo y se hace daño.

5. Frecuentemente, se peca contra justicia por omisión, y no solo por acción.

6. Basta el formarse presentemente una opinión exacta, hacer a la sazón una acción útil a la sociedad, y disponer el ánimo de tal modo que, por de pronto, sea capaz de contentarse con todo lo que proviene de la causa exterior.

7. Borra lo que es propio de la imaginación, reprime el instinto, ahoga el apetito, resta dueño de tu recta razón.

8. Una es el alma sensitiva que se distribuye entre los animales faltos de razón; una es el alma intelectiva que está repartida entre los seres racionales, al modo que es una la tierra de todos los seres terrestres, una la luz que vemos, uno el aire que respiramos todos los seres hechos para ver y respirar.

9. Todos los seres que participan de alguna razón común anhelan unirse con sus semejantes. Todo lo terrestre se inclina hacia la tierra; todo lo líquido tiende a unirse con el líquido, lo aéreo con el aire, tanto, que es menester usar obstáculos y oponérsele con violencia. El fuego, que se eleva por estar en lo alto el fuego elemental, se halla de tal suerte pronto para soflamar todo otro fuego de aquí abajo, que todo combustible, por poco que haya obtenido un grado de sequedad, se encuentra dispuesto a concebir la llama por estar menos mezclado a los otros elementos que podrían impedir su ignición. Y así, todo ser que participa de la común naturaleza intelectiva se esfuerza por alcanzar y aun por sobreponerse a su semejante. Porque, cuanto más aventajado es un ser que los otros, tanto más dispuesto se halla a incorporarse y confundirse con su igual.

Por esto, se descubren al punto, entre los seres privados de razón, enjambres, rebaños, nidos y como una especie de amor; y es que hay en ellos almas, y la mutua fuerza unitiva se revela más intensa en estos seres superiores que en los vegetales, y más aún que en las piedras y en los leños. Entre los seres racionales, se hallan relaciones políticas, amistades, familias, comunidades y, en tiempo de guerra, alianzas y treguas. Entre los seres más perfectos, aunque distantes entre sí, subsiste cierta unión, cual es la de los astros. Igualmente, el esfuerzo para remontarse a una esfera superior es capaz de engendrar la simpatía entre los seres, a pesar de las distancias que los separan.

Ve, pues, ahora lo que pasa: solo los seres racionales olvidan esta inclinación mutua a la convivencia, y solo en ellos no se observa esta afinidad de voluntades. Pero en vano pretenden huir; por doquiera se verán ligados, porque siempre vence la naturaleza. Lo comprenderás, si prestas atención a lo que digo. Sin duda, más fácilmente se hallaría un cuerpo terrestre que no tuviera contacto con ningún otro cuerpo terrestre, que un hombre enteramente segregado de todos los otros hombres.

10. Llevan su fruto el hombre, Dios, el mundo; cada ser lo da a su tiempo y sazón. Y aunque el uso común aplica propiamente esta locución a la vid y otras plantas semejantes, esto no hace al caso. También la razón lleva su fruto, universal y al mismo tiempo individual, y engendra otros frutos de la misma naturaleza que la razón.

11. Si puedes, instruye a los que yerran; si no puedes, acuérdate que a este fin se te otorgó la benevolencia. Los mismos dioses se muestran benignos con tales personas. En ciertas cosas les dan la mano, ayudándolos en lo que concierne a la salud, la riqueza, la gloria; a tal extremo llega su bondad. Tú puedes hacer otro tanto. Si no, dime, ¿quién te lo impide?

12. Sufre el trabajo, sin creer que por ello seas infeliz, ni pretender que así te compadezcan o admiren. Antes bien, ciñe tu voluntad a mover tu acción o a pararla según lo exija la razón del bien público.

13. Hoy me eximí de todo estorbo, o, por mejor decir, sacudí de mí todo estorbo, visto que el mal no estaba fuera, sino en mi interior, en mis opiniones.

14. Todas estas cosas son trilladas por la experiencia, efímeras de duración, ruines por la materia. Todas las cosas son hoy cuales fueron en tiempo de aquellos que hemos ya sepultado.

15. Las cosas quedan como de puertas afuera,[2] cercadas en sí mismas, sin saber ni descubrir nada de su naturaleza. ¿Quién, pues, da noticia de ellas? La facultad rectora.

16. No consiste en los afectos, sino en las acciones, el bien o el mal del viviente racional y sociable, de igual modo que su virtud y su vicio no están en lo que padece sino en lo que ejecuta.

17. A la piedra lanzada en lo alto no le perjudica el caerse, como tampoco redundaba en su bien el remontarse en el espacio.

18. Penetra en el interior de las almas de los hombres y verás qué jueces temes, y cuáles son jueces de sí mismos.

19. Todas las cosas están siempre mudándose. Tú mismo no cesas de transformarte y, hasta un cierto punto, de perecer; y lo mismo pasa en el universo.

20. Conviene dejar la falta ajena donde está, sin propalarla.

21. La cesación de una actividad, la suspensión y, por así decirlo, la muerte de un impulso, de una opinión, no son mal alguno. Repasa ahora las edades de la vida, como la infancia, la adolescencia, la juventud, la vejez. También toda mutación es aquí una muerte. ¿Qué daño hay en ello? Da una mirada ahora a la vida que pasaste bajo el poder de tu abuelo, luego bajo el de tu madre, luego bajo el de tu padre adoptivo. Y a la vista de estas destrucciones, transformaciones e interrupciones, pregúntate: ¿qué mal hubo en todas ellas? Y lo mismo acontece con el término, el reposo y la transformación de tu vida entera.

22. Recorre tu mismo principio rector, el del universo, el de tu prójimo: el tuyo, para conseguir un espíritu de justicia; el del universo, para que reflexiones de qué conjunto eres parte; el del prójimo, para saber si debes culparle de ignorancia o de reflexión, haciéndote cargo al mismo tiempo de que es tu pariente.

23. Así como eres uno de los miembros que integran el cuerpo social, así conviene que cada una de tus acciones ocupe su lugar en la vida civil. Pues cualquiera de tus acciones que no se relacione de cerca o de lejos con el fin común, trastorna la vida del todo, quiebra su unidad, es un sedicioso, como en el pueblo el que pretendiera, por lo que le afecta, sustraerse a esta común armonía.

24.[3] Disputas y juegos infantiles son los actos de los hombres; y estos, pequeñas almas con un cadáver a cuestas; así la realidad puede representarnos con más viveza la homérica «Evocación de los muertos».

25. Mira en cada objeto la naturaleza de su causa, y considérala haciendo abstracción de la materia. Después determina el tiempo que, a todo más, debe durar naturalmente la sustancia así individualizada.

26. Has sufrido mil miserias porque no te ha bastado que la recta razón se contentase con la misión correspondiente a su naturaleza. Y ello es bastante.

27. Cuando otros te vituperen o te odien o manifiesten contra ti sentimientos hostiles, éntrate por sus almas, ahóndalas y observa quiénes son. Verás que no es menester afligirte por lo que ellos piensan de ti. Es razón, con todo, guardarles benevolencia, pues son por naturaleza tus amigos. Los mismos dioses les favorecen de mil modos, ya por medio de sueños, ya de oráculos, y precisamente para que alcancen aquellas cosas por las cuales se desazonan.

28. Estas son las vueltas orbiculares que recorre el mundo, de arriba abajo, de siglo en siglo. O bien la mente del universo comunica a cada instante su impulso y, en este caso, acepta el resultado de su actuación; o bien de una vez tomó su iniciativa, a la cual por natural consecuencia se sigue lo demás, y en cierto modo los átomos o seres indivisibles.[4] En una palabra, si hay un Dios, todo va bien; si todo sucede al azar, no sigas tú también al azar.

Dentro de poco, a todos nos ha de cubrir la tierra; después ella se convertirá en otra cosa, y esta se transformará hasta lo infinito y por segunda vez se mudarán los nuevos aspectos, sin acabar jamás. Al considerar los flujos y reflujos de estas mudanzas y alteraciones, junto con su rapidez, no se sentirá más que menosprecio por todo lo perecedero.

29. La causa universal; como un torrente impetuoso, lo arrastra todo. ¡Cuán mezquinos son estos hombrecillos que se dedican a los asuntos del Estado y pretenden obrar como filósofos! ¡Ruines despreciables!

¿Y entonces, amigo mío? Haz lo que exige de ti la naturaleza. Manos a la obra, mientras haya lugar, y no te preocupes por si te imitan.[5] No sueñes en ver establecida la república de Platón, antes bien, conténtate con tal que progreses un poco, considerando que no es poco fruto este pequeño resultado.

En cuanto a hacer mudar a uno de sus principios, ¿quién lo podría? Y si no los mudan, ¿cuál es su estado sino una esclavitud de quien se lamenta aparentando que obedece? Ve ahora y cítame a un Alejandro, a un Filipo, a un Demetrio Falereo.[6] Yo les seguiré, si han sabido lo que la naturaleza universal les imponía y se gobernaron por sí mismos. Pero si fueron meros histriones, nadie me ha condenado a imitarles. Sencilla y modesta es la profesión de la filosofía. No creas que me pague de la vana soberbia.

30. Contempla, como desde lo alto, la infinidad de rebaños, las innumerables ceremonias, todo género de navegación al través de tormentas y buen tiempo, la diversidad de seres que nacen, viven juntos y desaparecen. Imagina, además, la vida que vivieron otros en pasados tiempos, la que se pasará después de ti, la que se vive al presente entre pueblos extranjeros. ¡Cuántos hombres ignoran hasta tu nombre, cuántos lo olvidarán muy presto y cuántos, que ahora te elogian, te vituperarán muy en breve; y cómo ni la memoria que se deja, ni la gloria, ni otra cosa merecen la pena!

31. La impasibilidad es necesaria en presencia de los acontecimientos que provienen de causa exterior; la justicia, en las obras que nacen de ti: en otras palabras, los impulsos y las acciones deben limitarse a hacer bien a la sociedad, porque todo esto es conforme a tu deber natural.

32. Puedes cercenar muchas cosas superfluas que te perturban y que no existen más que en tu imaginación; así, abrirás a tu espíritu un ancho campo con abarcar en tu pensamiento el universo entero, con traer a la memoria el tiempo infinito, con meditar la pronta transformación de cada cosa en particular, cuán breve espacio media desde

su nacimiento hasta su ruina, cuán inmenso ha sido el que precedió a su generación, así como la eternidad que sucederá a su disolución.

33. Todo cuanto ves fenecerá en un momento y los que lo verán fenecer, perecerán también muy en breve; y el que fallece a lo último de su vejez, será igual al que murió joven.

34. Piensa en qué disposición se hallan las mentes de los hombres, en qué se afanan y qué razones determinan su amor o su estima. Piensa que pones sus almas al desnudo. ¡Cuánta es su presunción, al creer que te perjudican con sus críticas o al servirte haciéndose lenguas de ti!

35. Cualquier pérdida no es otra cosa que una mutación: en esto se complace la naturaleza universal; todo se hace perfectamente según sus planes, del mismo modo ha sido desde la eternidad y eternamente sucederá bajo otras formas análogas. ¿Por qué, pues, dices que todo se hizo mal desde el principio, que todo irá mal en lo sucesivo, y que no se ha encontrado nunca, entre tantos dioses, una potencia capaz de corregir este desorden, sino que el mundo está condenado a estar envuelto en perennes males?

36. Observa que la podredumbre de la materia que sirve de base a cada cosa se reduce a agua, polvo, huesos, sordidez; si no, repara que son callosidades de la tierra los mármoles, heces de la misma el oro y la plata; que son un tejido de pelos los vestidos, sangre la púrpura, y así todo lo demás. Asimismo, tu aliento es algo parejo y andará mudándose de unos cuerpos en otros análogos.

37. ¡Basta ya de esta miserable existencia, llena de murmuraciones y falsedades! ¿Por qué te turbas? ¿Qué hay en esto de extraordinario?

¿Qué te saca de juicio? ¿Quizá la causa? Examínala. ¿Acaso la materia? Examínala. Fuera de esto nada más hay. Pero ya es tiempo que, vuelto hacia los dioses, te hagas más sincero y mejor.

Es lo mismo ser testigo de este espectáculo de la vida por cien años o solo por tres.

38. Si es que alguno ha delinquido, ahí está su mal. Pero tal vez no delinquió.

39. O todo cuanto dimana de una sola y misma fuente intelectiva se comunica al mundo, como a un solo cuerpo, y entonces no debe parte alguna quejarse de lo hecho en interés del todo; o bien no hay más que átomos, y entonces no será el mundo más que desorden y dispersión. En tal caso, ¿por qué te turbas? Dirás a tu principio rector: «Estás muerto, corrompido, eres un bruto, un comediante, te has mezclado con los rebaños, paces».

40. O los dioses no pueden nada, o pueden algo. Pero si no pueden, ¿por qué les ruegas? Y si pueden, ¿por qué no les suplicas, más bien, que te concedan el no temer nada de esto, ni desear nada de aquello, el no afligirte por nada de lo otro, antes que rogarles que no suceda o que suceda alguna de estas cosas? Pues, indudablemente, si pueden ayudar a los hombres, también en esto pueden ayudarnos.

Pero acaso dirás: «Los dioses pusieron esto en mis manos». Entonces ¿no será mejor usar de tu poder con plena libertad, antes que esforzarte, con servidumbre y vileza, en ir tras de lo que excede tu condición? ¿Y quién te dijo que los dioses no nos ayuden para alcanzar también lo que depende de nosotros? Empieza, pues, a suplicarles acerca de estas cosas, y ya verás.

Este les ruega en estos términos: «¿Cómo obtendré yo la intimidad de esta mujer?». Suplícales tú: «¿Cómo podré yo abstenerme de codiciar estos favores?». Otro: «¿Cómo me veré libre de esta importunidad?». Tú: «¿De qué medio me valdré para no necesitar librarme de esto?». Otro: «¡Que no muera mi hijo!». Tú: «¡Ojalá no tiemble a la hora de perderle!». En suma, haz de esta guisa tus oraciones y observa cuánta utilidad te procura.

41. Dice Epicuro:[7] *«Durante mi enfermedad, mis pláticas no versaban sobre mis sufrimientos físicos, y con mis visitantes* —afirma— *no trataba esta clase de asuntos; sino que continuaba estudiando las cuestiones naturales que anteriormente me tenían ocupado, y me dedicaba particularmente a ver cómo la inteligencia, aunque participando en estos movimientos que afectan al cuerpo, permanecía imperturbable, atendiendo a su propio bien. No me preocupaba* —asegura— *que blasonaran los médicos de su pretendido poder, y así mi vida transcurría feliz y dignamente».* Haz, pues, como él, durante la enfermedad si enfermas, y en toda otra contingencia de la vida. Porque, el no separarse de la filosofía, en cualquier posible suceso, y no argumentar fútilmente con el profano, cuando uno se consagra a la ciencia de la naturaleza, es prcccpto común a toda sccta filosófica,[8] lo mismo quc cl dc consagrarse solo a lo que presentemente se hiciere y al instrumento de que se valiere uno para ejecutarlo.

42. Cuando choques con la insolencia de alguno, pregúntate al instante: «Pues qué, ¿es posible acaso que deje de haber insolentes en este mundo?». No puede ser. Según esto, pretendes imposibles. Tienes delante de ti a uno de estos insolentes que forzosamente existen en el mundo. Ten a mano esta misma reflexión, si topas con un malvado, con un fementido o con cualquier hombre perverso. Pues apenas te acuerdes de que es imposible que esta maligna especie falte en el mundo, empezarás a ser más indulgente con cada uno en particular.

Asimismo ayuda mucho el que pienses en seguida con qué género de virtud ha dotado la naturaleza al hombre, para evitar el vicio ajeno. Que ella nos ha dado, a manera de antídoto, para frenar la ingratitud, la mansedumbre, y contra otro defecto otra virtud peculiar. Y, en suma, siempre tienes en tu mano el instruir al que se descamina; puesto que todo pecador es un hombre que yerra el blanco propuesto y se extravía.

Y por lo demás, ¿qué mal te hizo? No hallarás que uno solo de estos hombres, contra quienes te enojas, te haya causado un daño tal, que por ello tu inteligencia debiese empeorar. Y tu mal y tu perjuicio tienen ahí todo su fundamento. Mas ¿qué hay de malvado y extraño en que un necio obre como necio? Mira tú que con mayor razón no debas acusarte a ti mismo por no haber previsto que este tal podía cometer esta falta; y más, teniendo tú motivos suministrados por la inteligencia para imaginarte que era probable que este hombre cometiera tal delito. Pero, olvidado de esto, te maravillas si ha delinquido.

Y sobre todo, cuando vituperes a un hombre por su deslealtad e ingratitud, dirige la mente a ti mismo: porque es tuya evidentemente la culpa, si has creído que este hombre que tenía tal disposición, guardaría fidelidad, o si, al hacerle una gracia, no se la hacías con el único fin de favorecerle, ni de manera que solo en tu mera acción recogieras todo el fruto apetecido. Pues ¿qué más quieres al beneficiar a un hombre? ¿No te basta sencillamente el haber obrado conforme a la naturaleza, sino que además ambicionas recompensa? Esto viene a ser como si el ojo exigiera algún premio porque ve, y los pies porque caminan. Que así como estos miembros fueron hechos para ejercer su función peculiar, que tiene el premio correspondiente en el mero ejercicio de su constitución, así también el hombre, bienhechor por naturaleza, si hace algún bien o simplemente coopera en las cosas ventajosas, cumple con el fin por que fue creado, y en ello recibe su galardón.

MEDITACIONES

LIBRO X

✦

1. ¿Llegarás a ser algún día, alma mía, buena, recta, uniforme, desnuda, más patente a todos que el cuerpo que te envuelve? ¿Empezarás a complacerte en la benevolencia y el amor para con todo? ¿Te hallarás satisfecha alguna vez, sin necesidad de nada, sin ansias, sin codiciar cosa alguna animada ni inanimada para goce de tus placeres, sin desear una prórroga para disfrutarlos más tiempo, ni otro lugar, otra región u otro clima más benigno, ni una sociedad más adaptada a tu enio? Antes bien, ¿te contentarás con tu presente situación, tendrás gusto en cuanto te acontece ahora? ¿Te persuadirás a ti misma de que todo te va bien y de que todo viene de la mano de los dioses y asimismo que será bueno cuanto a ellos pluguiere y cuanto dispensaren en lo futuro para la seguridad de aquel ser perfecto, bueno, justo y bello, que todo lo engendra, que contiene, rodea y abraza a todos los cuerpos, para convertirlos, una vez disueltos, en otros semejantes? ¿Vendrás, en fin, a ser tal, que puedas convivir en la ciudad común de los dioses y los hombres, sin elevar ni una mínima queja contra ellos y sin dar pie a que te condenen?

2. Observa lo que exige de ti tu naturaleza, en cuanto te gobierna simplemente como sola naturaleza; después, hazlo y sométete de buen grado, a no ser que redunde en daño de tu naturaleza, en cuanto es ella sensitiva. Acto seguido, debes observar lo que exige tu naturaleza considerada como sensitiva, y acéptalo íntegramente, si es que no ha de seguirse menoscabo a tu naturaleza, en cuanto es racional. Pero lo racional es inmediatamente lo sociable. Valiéndote, pues, de estas reglas, no te des cuidado por otra pesquisa.

3. Todo lo que acontece, sucede en tal conformidad, que eres naturalmente capaz de aguantarlo o naturalmente incapaz de aguantarlo. Ahora bien: si te acontece algo que seas hombre para soportarlo, no te irrites; antes bien, sopórtalo según la medida de tus fuerzas. Si, por el contrario, es algo que no eres capaz de soportar naturalmente, no te irrites tampoco, pues acabaría por consumirte. Con todo, ten presente que estás dotado de una virtud natural para sobrellevar todo lo que tu opinión puede presentar como soportable y llevadero, juzgando que tu interés o tu deber te lo impone.

4. Si se desvía tu prójimo, enséñale amigablemente y hazle ver su negligencia. Pero si eres incapaz de reducirlo, échate a ti mismo la culpa, o ni a ti mismo te culpes.

5. Todo lo que te acontezca, esto mismo estaba dispuesto desde la eternidad; y la concatenación íntima de las causas enlazaba ya desde el principio tu existencia con aquel acontecimiento.

6. O bien se admitan los átomos o la naturaleza, demos por asentado, primeramente, que soy una parte del universo regido por la naturaleza; en segundo lugar, que tengo una cierta relación íntima con las otras partes que tienen mi mismo origen. Ya que, acordándome

de estas verdades, no me avendré mal, en cuanto me considere una parte, con cosa alguna de las dispensadas por el universo, pues no es nocivo a la parte lo que contribuye al bien del todo, ni el todo contiene algo que no redunde en su propia utilidad. Y siendo esto común a todas las naturalezas, la naturaleza del mundo posee además el privilegio de no verse precisada por ninguna causa exterior a producir cosa que le sea perjudicial.

Acordándome, pues, de que soy una parte de un tal universo, aceptaré gustoso todo lo que suceda. Y en cuanto me considero en estrecha relación con las otras partes que son de mi mismo linaje, no ejecutaré nada contrario a la colectividad; antes bien, miraré por mis semejantes, dirigiré todos mis esfuerzos hacia lo que conduce al bien común, y me retraeré de lo que se oponga a este fin. Obrando fielmente así, fuerza será que mi vida tenga un curso feliz; no de otro modo te imaginarías la próspera vida de un ciudadano que se anticipase a ejecutar las acciones convenientes a sus conciudadanos y aceptase de grado la parte que le destine la ciudad.

7. Es forzoso que perezcan las partes del universo, aquellas, digo, que se contienen en el ámbito del mundo. Y entiéndase aquí *perecer* en el sentido de «alterarse».[1] Digo que si esto es para ellas un mal y una necesidad, no estaría bien regido el universo, puesto que sus partes se alterarían y se hallarían de mil modos dispuestas para su ruina. ¿Acaso la misma naturaleza habrá intentado tratar mal a sus propias partes, crearlas tales que no solo pudieran caer en el mal, sino que estuvieran por necesidad hundidas en el mal, o bien le han salido así sin que ella lo advirtiera? Una y otra hipótesis son inverosímiles.

Pero si alguno, renunciando a la intervención de la naturaleza, explicase este estado de cosas por la razón de su misma condición, sería ridículo decir que la constitución de las partes del todo consiste en transformarse y al mismo tiempo se maravillase o se enojase por ello como de cosa acaecida contra el orden de la naturaleza; sobre todo siendo el resultado de esta disolución la liberación de los mismos elementos de que consta cada ser. Pues, o se trata de una dispersión de los átomos, de que estaba compuesto, o de una transformación de la parte sólida en tierra, de la volátil en aire, de manera que también estos elementos sean restituidos a la razón original del universo, bien haya de perecer este periódicamente por el fuego, o deba renovarse con una serie perpetua de sucesiones.

No te imagines empero que las partes sólidas y volátiles hayan durado en cada ser desde su generación, pues todo esto se le incorporó desde ayer o anteayer por medio de los alimentos y la respiración del aire. Así, es lo que se adquirió luego lo que se transforma, no lo que la madre dio a luz. Y aun supuesto que la personalidad te una estrechamente a tu primera condición, juzgo que nada obstará a cuanto acabo de decir.

8. Luego que tú mismo hubieres adquirido los nombres de *bueno*, *circunspecto*, *veraz*, *prudente*, *condescendiente*, *noble*, mira bien no tengas que mudar nunca de nombre; y, si perdieres estos dictados, vuelve al punto a recobrarlos. Pero ten presente que el nombre de *prudente* quería significarte la exacta inteligencia y esmerada atención en cada cosa; el de *condescendiente*, la deliberada aceptación de los acontecimientos que dispensa la naturaleza universal; el de *noble*, la victoria de la parte racional sobre los movimientos suaves o violentos de la carne, sobre la gloria vana, la muerte y cosas parejas. Si te conservas en la posesión de estos títulos, sin anhelar que los otros forzosamente te llamen con ellos, serás otro hombre y te abrirás otro género de vida.

Porque, en realidad, el querer permanecer aún tal cual has sido hasta aquí, viviendo aturdido y mancillado en una tal existencia, es propio de un ser vulgar, excesivamente enamorado de la vida y parecido a estos bestiarios que, medio devorados por las fieras, cubiertos de heridas y cieno, piden con insistencia que los reserven hasta el día siguiente, para ser otra vez echados a las mismas garras y a las mismas mordeduras. Procura, pues, adquirir estos pocos nombres. Y si en ellos puedes aguantarte firme, permanece constante, como quien ha sido transportado a las Islas Afortunadas;[2] mas si conocieres que te va faltando el ánimo, que no los dominas, busca confiadamente un rincón donde puedas controlarlos; o bien, abandona de una vez la vida, sin despecho, con sencillez, independencia y modestia. Ejecutarás, con ello, siquiera esta sola proeza en la vida, la de salirte así del mundo. Con todo, para ayudarte a recordar estos nombres, te servirá mucho la frecuente memoria de los dioses; no quieren estos ser adulados, sino que todos los seres racionales se les hagan semejantes; que la higuera cumpla la función propia de la higuera, el perro la del perro, la abeja la de la abeja, el hombre la del hombre.

9. La farsa de la vida, la guerra, el temor, el estupor, la servidumbre, irán borrando en ti, de día en día, aquellos principios sagrados que tus estudios sobre la naturaleza te dan a entender y que respetas hondamente.

Conviene, pues, que en todo veas y obres de manera que lleves a feliz término los asuntos que las circunstancias originan, y simultáneamente lleves la teoría a la práctica, conservando sin ostentación, pero también sin disimulo, la propia satisfacción que da la ciencia en cada caso particular. ¿Cuándo, en efecto, hallarás gusto en la sinceridad? ¿Cuándo, en la gravedad? ¿Cuándo, en adquirir el conocimiento de cada objeto particular, entendiendo cuál es su esencia, qué lugar ocupa en el mundo, cuánto tiempo le otorgó la naturaleza, qué elementos lo integran, a quiénes puede caber en suerte, quiénes pueden darlo o arrebatarlo?

10. La araña queda muy ufana tras haber cazado una mosca; este hombre, una liebre; el otro, habiendo pescado un arenque con el anzuelo; el otro, cogiendo unos jabalíes; el otro, unos osos; el otro, sármatas.[3] ¿Acaso no reputarás a todos esos por unos salteadores, si examinares atentamente sus principios morales?

11. Al ver que todas las cosas se transforman las unas en las otras, adquiere un método para examinarlo, dedícate constantemente a esto y ejercítate en semejante punto de meditación, pues nada conduce tanto al logro de la magnanimidad. Considerando que cuanto antes deberá desamparar todas las cosas, partiéndose de sus semejantes, se despojará el hombre de su cuerpo y se entregará enteramente a la justicia en cuanto por sí mismo realiza, y a la naturaleza universal, en cuanto le acontece. No le vendrá al pensamiento qué dirá el otro, qué opinión tendrá de él, qué pensará contra él, viviendo satisfecho con estas dos cosas: con realizar rectamente lo que tuviere entre manos, y con abrazar cariñosamente lo que le cupiere en suerte. Dejando de lado todas sus ocupaciones y cuidados, no quiere otra cosa más que ir siempre derechamente en pos de la ley y seguir a Dios, que guía siempre por un camino recto.

12. ¿A qué la sospecha, teniendo a mano los medios de averiguar lo que debes hacer? Si lo descubres claramente, camina en esta dirección de buen ánimo, sin volver la vista atrás; si no llegas a discernirlo, haz alto allí y echa mano de los más sabios consejeros. Si otros obstáculos se oponen a tu intento, procura avanzar según las circunstancias presentes, guiando con reflexión tus determinaciones, sin desviarte de lo que te pareciere justo; que nada hay mejor que mantenerse en ello,[4] evitando las frecuentes caídas. Pero ¡cuán tranquilo es y al mismo tiempo flexible en su marcha, cuán alegre y moderado, el hombre que sigue en todo a la razón!

13. Así que despiertes, formúlate esta pregunta: ¿por ventura corre a tu cuidado[5] que otro ejecute acciones justas y buenas? Te será indiferente. ¿Acaso has olvidado de qué modo estos mismos que se engallan tanto en alabar y vituperar a los otros se comportan en la cama, en la mesa, qué acciones cometen, qué cosas evitan o pretenden, cuáles roban por engaño o violencia, no con las manos y los pies, sino con su parte más respetable, de la cual nacen, siempre que se quiera; la fe, el pudor, la sinceridad, la ley y el buen Genio?

14. A la naturaleza que todo lo dispensa y todo lo recobra, dice el hombre instruido y moderado: «Dame lo que quieras, toma lo que quieras». Y no dice esto con altanería, antes bien, solo con ánimo rendido y benévolo hacia ella.

15. Poco es el tiempo que te resta de vida. Vívelo como si te hallares en la montaña:[6] que lo mismo da vivir aquí que vivir allí, con tal que en todas partes viva uno en el mundo como en su ciudad. Haz ver a los hombres, hazles reconocer en ti a un varón que vive de veras según la naturaleza. Si ellos no pueden soportarte, dente muerte. Más vale morir que vivir como ellos.

16. No discutas ya más en adelante lo que debe ser el hombre de bien, sino procura serlo realmente.

17. Represéntate sin cesar el todo de una eternidad y el todo de la sustancia, y que todos los seres particulares no son, por lo respectivo a la sustancia, más que un grano de mijo; por lo tocante a la duración, una vuelta de trépano.

18. Prestando atención a cada uno de los seres que se presenta, observa cómo ya se disuelve o cómo ya se transforma por la corrupción

o por la dispersión; mira cómo parecen haber nacido tan solo para perecer.

19. Mira qué vienen a ser los hombres cuando comen, cuando duermen, cuando cumplen acceso, cuando se encogen para la deposición o cuando ejecutan otras funciones de esta índole. Observa luego lo que son dándose aires de importancia, engriéndose, encolerizándose, humillando a los otros con su superioridad. ¡A cuántos, poco ha, estaban sujetos, y con qué miras! ¡A qué vendrán a reducirse muy en breve!

20. Es útil a cada uno lo que le dispensa la naturaleza universal, y le es útil cuando ella lo dispensa.

21. *«La tierra desea la lluvia; desea lo mismo el venerable Éter...»*[7] También el mundo desea poner en obra lo que debe acontecerle. Digo, pues, al mundo: «Yo quiero lo que tú quieres». ¿Acaso no se dice esto igualmente de una cosa que *desea* llegar a ser?

22. O bien has de vivir siempre aquí, y entonces ya estás hecho a esta vida; o bien te alejas, y esto es lo que querías; o bien te mueres, y has cumplido tu misión. Fuera de esto, nada más hay. Así pues, prosigue de buen ánimo.

23. Ten siempre por cosa evidente que lo mismo es el campo que cualquier otro lugar, y observa cómo todas las cosas son idénticas aquí, como en el campo, en la montaña, en la orilla del mar, o donde te viniere en gana. Así comprenderás mejor cuán cierto es lo que Platón dice, al comparar reyes y pastores: *«...lo mismo se vive encerrándose en un cercado en la montaña y ordeñando el rebaño balador».*[8]

24. ¿Qué es para mí actualmente mi principio rector? ¿En qué estado lo tengo ahora? ¿Qué uso hago de él en este momento? ¿Estará acaso falto de inteligencia, por ventura separado o desarraigado de la comunidad, o quizá tan íntimamente adherido y mezclado con la carne, que participe de sus movimientos?

25. El que huye de su señor, es un desertor; pero la ley es nuestro señor; luego el que traspasa la ley es un desertor. Igualmente el hombre que se aflige, o se irrita, o teme, demuestra que no quisiera que hubiese sido hecho, o que se haga, o que vaya a hacerse algo de lo que ordena el administrador universal, el cual es la misma ley, que reparte a cada uno lo que le corresponde. Por tanto el que teme, se aflige o se irrita, es un desertor.

26. Ausentado el que depositó un germen en la matriz, interviene luego otra causa, construye y perfecciona el feto. ¡Qué efecto, de causa tan vil! Ahora se le alimenta ya por el esófago; después, interviniendo otra causa, produce en el embrión la sensibilidad, el movimiento, en una palabra, la vida, la fuerza y tantas otras maravillas. Contempla estos fenómenos que se realizan en tan secretos arcanos y observa su virtud productiva, de la misma manera como miramos la fuerza que inclina y levanta los cuerpos, no con los ojos materiales, pero no por eso con menos claridad.

27. Considera constantemente que todas cuantas cosas existen ahora, han sido idénticas en el pasado y considera que se repetirán en lo futuro. Ponte a la vista los dramas enteros y las escenas semejantes que conoces por tu propia experiencia o por antiguos relatos, como es decir, toda la corte de Adriano, toda la corte de Augusto, toda la corte de Filipo, de Alejandro, de Creso. Todos estos espectáculos se asemejan: solamente eran distintos los personajes.

28. Imagínate que todo aquel que se aflige por cualquier suceso o lo recibe de mal talante, se parece al cochinillo que, llevado al matadero, cocea y gruñe: lo mismo hace el hombre que, echado sobre un escaño, a solas y taciturno, llora estas cadenas que nos atan. Considera también que solo al ser racional se le dio la facultad de acomodarse de buen grado a los acontecimientos; y que el seguirlos, es de todo punto necesario a todos.

29. Parando mientes en cada una de tus acciones particulares, pregúntate a ti mismo si la muerte te sería muy sensible porque te privase de ejecutarla.

30. Cuando te desazone la culpa de otro, vuelto al punto sobre ti, piensa si cometes alguna falta semejante al opinar, por ejemplo, que es un bien el dinero, o el deleite, o la gloria, y otras cosas de esta especie. Porque, reflexionándolo, al instante echarás en el olvido tu enojo, al comprender que el otro obró por fuerza. ¿Qué otra cosa pudo hacer? Tú, si te fuere posible, procura librarte de esta sujeción.

31. Viendo a Satirón,[9] imagínate ver a un socrático, como Eutico o Himeno; viendo a Eufrates, idéate ver a Eutiquión o Silvano; viendo a Alcifrón, represéntate ver a Tropeóforo, y viendo a Jenofonte, piensa ver a Critón o Severo; luego, volviendo sobre ti mismo, represéntate a alguno de los césares. Imaginándote en cada uno otro semejante, se te ocurrirá luego preguntar: ¿en dónde paran ahora aquellos? En ninguna parte o no se sabe dónde.

De esta suerte verás sin cesar que las cosas humanas no son más que humo y nada, particularmente si reflexionares al mismo tiempo que lo que una vez desaparece no volverá ya más por la eternidad. ¿A qué, pues, inquietarte? ¿Por qué no te contentas con terminar ese poco de tiempo decorosamente? ¡Qué materia tan fundamental

te dejas perder! Pues ¿qué otra cosa es esto sino ejercicio de la razón, que ha visto exactamente, según la ciencia de la naturaleza, las vicisitudes de la vida? Según esto, persiste en estas consideraciones hasta que las hayas asimilado, así como un estómago robusto asimila todo género de alimento, como el fuego ardiente convierte en llama y resplandor todo cuanto le arrojares.

32. Cuida que ninguno pueda decir de ti con verdad que no eres hombre sencillo o bueno; antes bien, que se engañe quien pensare de ti alguna de estas cosas. Esto depende totalmente de ti. Porque ¿quién te impide el ser bueno y sincero? Forma el juicio de que no te conviene vivir si no eres así, pues la razón no dicta que debas vivir siendo de otra manera.

33. ¿Qué es lo que con más acierto se puede hacer o decir acerca de esta materia? A la verdad, sea lo que fuere, es posible el decirlo o hacerlo, y no pretextes que te lo impidan.

No dejarás de lamentarte antes de haber experimentado que, así como los voluptuosos se entregan a la molicie, tú debes, en cualquiera contratiempo y circunstancia ocurrente, cumplir con los oficios propios de la condición humana; porque debe servirte de complacencia toda actividad que te es posible desplegar según tu propia naturaleza, en la inteligencia que doquiera te es permitido. Pues no se da al cilindro la propiedad de seguir en todas partes su propio impulso, ni al agua, ni al fuego ni à otra cosa alguna que sea regida por una naturaleza o un alma irracional: muchos, en realidad, son los obstáculos que las contienen y se les oponen. Pero el espíritu y la razón pueden pasar por sobre todo impedimento, conforme a sus aptitudes naturales y a su voluntad.

Poniéndote delante de los ojos esta facultad, gracias a la cual la razón podrá pasar por encima de todo obstáculo, así como el fuego sube, la piedra desciende, el cilindro rueda por un plano inclinado, no inquieras ya otra cosa. Porque todos los demás obstáculos, o bien atañen a tu cuerpo, a ese cadáver animado, o son de por sí tales, que, sin una falsa ilusión y relajamiento de la razón misma, no le lastiman ni le hacen el más mínimo daño: de no ser así, al momento se haría peor quien los padeciese; puesto que, en tratándose de todos los otros seres diversamente creados, cualquier daño sobrevenga a uno de ellos, con esto solo ya empeora el que lo recibe. En el caso presente, por el contrario, si así pudiese decirse, se mejora el hombre y es más digno de alabanza haciendo buen uso de las adversidades. En suma, acuérdate de que lo que no perjudica a la ciudad, no perjudica tampoco a su ciudadano natural, y nada perjudica a la ciudad que no perjudique a la ley. Ninguno empero de estos pretendidos infortunios perjudica a la ley. Luego lo que no perjudica a la ley no causa detrimento a la ciudad ni al ciudadano.

34. Al hombre en quien han hecho mella los verdaderos principios de la filosofía, basta con la menor palabra, y la más vulgar, para recordarle que permanezca libre de inquietud y temor. Estas, por ejemplo:

> *«Al árbol arranca el viento las hojas, y con ellas tapiza la tierra...*
> *»Así las generaciones humanas...»*

Y, en realidad, hojas son tus hijos; hojas, estos seres que, convencidos de su crédito, te aclaman y te glorifican, o, por el contrario, te maldicen, si es que, en secreto, no te censuran y motejan. Hojas, igualmente, los que transmitirán tu fama a la posteridad. Todo eso

> *«...restitúyelo la primavera»;*[10]

después lo echa por tierra el viento; luego, nuevas floraciones ocupan el lugar de las precedentes. Una duración momentánea es lo que tienen en común todas las cosas; pero tú las huyes y pretendes todas, como si fueran eternas. Muy en breve se te cerrarán los ojos, y otro, en fin, llorará la muerte de aquel que te habrá llevado al sepulcro.

35. El ojo sano debe ver todo lo visible y no decir: «Solo quiero ver lo verde», que esto es propio del hombre afectado de oftalmia. También es necesario que el oído y el olfato sanos estén prontos a percibir cualquier sonido y olor; y el estómago robusto no menos debe estar dispuesto a todo género de alimentos, que lo está la muela para moler cuanto le echen. Así también una inteligencia sana debe estar dispuesta a recibir todo lo que le suceda. Pero la que dijere: «Yo quiero la salud de mis hijos» y «Alábenme todo cuanto haga», será muy parecida al ojo que exige solo lo verde y al diente que quiere únicamente lo tierno.

36. Nadie es tan afortunado que en su última hora no tenga a su lado quien se alegre del triste acontecimiento. Si era hombre virtuoso y sabio, al cabo no dejará de haber quien diga para sus adentros: «¿Va a dejarnos respirar, al fin, este pedante? En realidad, con ninguno de nosotros era demasiado severo, pero yo notaba que nos reprendía en silencio». Esto, pues, se dice del hombre virtuoso. Que, por lo que respecta a nosotros, ¡cuántas otras razones hay para que no pocos deseen verse libres de nuestra compañía! Si piensas en esto estando para morir, partirías más fácilmente gracias a estas reflexiones: «Parto de la vida en tales circunstancias, que hasta mis compañeros, que me han costado tantos afanes, ruegos y cuitas, son los primeros en desear que me salga, esperando recibir con mi muerte algún alivio». ¿Por qué apetecer, entonces, el mantenerse aquí por más tiempo? Con todo, no por eso partas con sentimientos

menos benignos para con ellos; antes bien, fiel siempre a tu modo de ser, muéstrate su amigo, benévolo y placentero; no parezca tampoco que te arrancan de su compañía, sino que, así como en una dulce muerte el alma se desprende con facilidad del cuerpo, así también debes separarte de ellos, pues con ellos la naturaleza te enlazó y fundió íntimamente. «¡Pero es que ya hoy me arranca de ellos! Me dejo, pues, desprender, como de mis domésticos, sin resistir, sino voluntariamente, que también tal separación es cosa conforme con la naturaleza.»

37. Acostúmbrate, en todo aquello que veas hacer, en cuanto te sea posible, a preguntarte a ti mismo: «Este ¿qué fin lleva en eso?». Mas procura empezar por ti mismo y examínate primeramente.

38. Acuérdate de que lo que te agita a manera de un títere es una cierta fuerza oculta en tu interior; y esta fuerza es la actividad, es la vida, es, si así puede decirse, el hombre mismo.[11] Nunca confunda tu imaginación esta fuerza con el receptáculo que lo encierra y los miembros moldeados a su alrededor; porque estos son muy parecidos a los utensilios, y solo diferentes en que nos pertenecen por nacimiento. Puesto que, estas partes de nosotros mismos, sin la causa que los moviliza y les torna el reposo, no tendrían otra utilidad que la que tiene la lanzadora para la tejedora, la pluma para el escribano, el látigo para el cochero.

MEDITACIONES

LIBRO XI

✦

1. He ahí las características del alma racional: se ve a sí misma, se analiza a sí misma, se amolda cual ella quiere. Recoge ella misma el fruto que produce, mientras son otros los que recogen el fruto de las plantas y de lo que hace las veces de fruto en los animales. Ella alcanza, acabare tarde o temprano la carrera de la vida, su término propio. No sucede como en la danza, en las representaciones teatrales y otras cosas semejantes, en que toda la acción se interrumpe en faltando un pormenor; antes bien, el alma, en cada caso y en cualquiera momento que se la sorprendiere, puede terminar sin falta el encargo que se le había confiado, de modo que pueda decir: yo poseo todo lo que es mío.

Es más, recorre el mundo entero, el espacio vacío que lo rodea y su figura, se sumerge en la infinidad del tiempo, abraza la generación periódica del universo. Considera y percibe que los venideros no serán cosa nueva, como tampoco nuestros antepasados vieron más que nosotros, porque, en cierta manera, el que haya vivido cuarenta años, por poco entendimiento que hubiere tenido, pudo haber visto todo lo pasado y todo lo futuro, según la uniformidad con el presente.

Propio también del alma racional es el amor a los semejantes, como la verdad, la modestia y el no anteponer nada a sí misma, lo que es también peculiar de la ley. De aquí, que no hay diferencia entre la razón y la razón de la justicia.

2. Podrás despreciar la canción más deleitable, la danza, el pancracio; si se trata de una voz melodiosa, basta descomponerla en sus tonos particulares y en cada uno preguntarte si podrías resistirlo: te avergonzarías de confesarlo. Usa, por lo que respecta a la danza, de un todo análogo, ante cada movimiento o gesto; y lo mismo por lo que toca al pancracio. En una palabra, excepción hecha de la virtud y de las acciones virtuosas, no te olvides de recorrer las partes y tomarlas por sí mismas, para llegar, con este análisis, a conseguir su desprecio. Aplica el mismo procedimiento a toda tu vida.

3. ¡Qué hermosa es el alma que se halla pronta, si fuere menester al instante, a deshacerse del cuerpo, bien sea para extinguirse, bien para dispersarse, o bien para sobrevivir! Pero esta prontitud debe ser tal, que provenga del propio juicio, no de una mera obstinación, como se ve en los cristianos:[1] sea, antes bien, razonada, grave, de modo que pueda persuadir lo mismo a otro, pero sin ostentación.

4. ¿Hice algún beneficio a la sociedad? Pues ya tuve con ello mi galardón. Ten siempre a mano esta verdad, para que te estimule, y nunca la pierdas de vista.

5. ¿Qué arte profesas? El de ser hombre de bien. ¿Y cómo serlo si no es rigiéndose por los preceptos que conciernen, parte a la naturaleza universal, parte a la constitución propia del hombre?

6. Se inventó primero la tragedia, con la intención de recordar los acontecimientos humanos, advirtiendo que estos suceden así naturalmente, y para que no llevásemos con pesadumbre en este mayor teatro del mundo aquello mismo que en las tablas nos divierte. Pues sabemos que todo necesariamente tendrá este paradero, y que eso mismo aguantan los que exclaman: «¡Oh, Citerón!».[2]

Además, los autores trágicos dicen cosas muy útiles, cual es, entre todos, aquel famoso pasaje:

«Si me han abandonado los dioses a mí y a mis dos hijos, no es ello sin causa»,

y en segundo lugar:

«No es razón desazonarse contra los acontecimientos»,

y también:

«Conviene segar la vida, como una espiga cargada de grano».[3]

Y otras muchas cosas semejantes.

Después de la tragedia apareció la Comedia Antigua; la libertad de lenguaje que poseía intentaba amonestar, y, gracias a su misma franqueza, no sin provecho nos incitaba a abrazar la modestia. Para un intento parecido usó Diógenes de la misma libertad.

Pero después de ella, considera qué finalidad haya tenido la Comedia Media, a la que sucedió la Nueva Comedia, cuando muy en breve acabó por no ser más que un artificioso cuadro de costumbres. Que realmente se encuentren en tales representaciones cosas útiles, nadie lo ignora. Pero si nos atenemos al plan de conjunto, ¿qué finalidad perseguían los que han cultivado este género dramático?

7. ¡Con qué evidencia se comprende que ningún otro género de vida es más ventajoso para entregarte a la filosofía como este en que te hallas al presente!

8. No es posible desgajar una rama de otra con la cual estuviese unida, sin desgajarla a la vez del árbol entero: a este modo, pues, un hombre separado de un solo hombre queda excluido de toda la comunidad. Además, a la rama es otro el que la separa del árbol; pero el hombre es él mismo quien se aparta de su vecino, cuando le cobra odio o aversión, sin hacerse cargo que al mismo tiempo queda amputado del cuerpo de la sociedad. No obstante, tiene a su favor un privilegio concedido por Zeus, que organizó esta comunidad: el que podamos incorporarnos otra vez al que nos era vecino y otra vez ocupar el lugar que nos cupiera en el universo; bien que, si una tal separación se repite muchas veces, resulta muy difícil al miembro rebelde reunirse en lo porvenir con los otros y ocupar su sitio. En suma, no se puede comparar el pimpollo que desde el principio ha ido creciendo y respirando con el árbol, con el vástago que, después de cortado, ha vuelto a ingerirse en otro árbol, a pesar de lo que digan los arbolistas. Se puede crecer sobre el mismo tronco, sin profesar por ello los mismos principios.

9. Al modo que no podrán hacerte desviar de la práctica del bien los que se te opusieren cuando sigues el camino de la recta razón, así tampoco lograrán hacerte perder la dulzura hacia ellos. Por eso, observa con igual celo ambos propósitos: conserva no solo un juicio y una conducta imperturbables, sino también la mansedumbre con los que intenten crearte obstáculos o de otra manera te fueren

molestos. Pues igual prueba de debilidad sería el enojarse contra ellos, que el renunciar a la acción y ceder por temor. Hay, en efecto, dos clases de desertores: el cobarde que tiembla, y el que renuncia al pariente y amigo que le dio la naturaleza.

10. Ninguna naturaleza es de condición inferior al arte, pues las artes no consisten más que en la imitación de la naturaleza. Siendo esto así, la naturaleza más perfecta entre todas y que todo lo abraza en sí, no sabría excederse en ingeniosidad técnica. Siendo, pues, cierto, que todas las artes cumplen las funciones inferiores con relación a las más elevadas, es consiguiente que también lo haga así la naturaleza universal. He ahí explicado el origen de la justicia: de ella proceden las demás virtudes. Porque no se observará la justicia si anduviéramos afanados en busca de las cosas indiferentes, o si fuéramos fáciles en dejarnos embaucar, irreflexivos, inconstantes.

11. Si las cosas, cuyo deseo o aversión te infunde inquietud, no salen a tu encuentro, antes por el contrario, eres tú el que, en cierto modo, te avanzas a ellas, debe tu juicio tranquilizarse ante esta inquietud; que así permanecerán inmóviles y no se te verá yendo a su zaga o huyéndolas.

12. La esfera del alma es semejante a sí misma, cuando, sin extenderse hacia fuera ni replegarse hacia dentro, sin esparcirse ni contraerse, se ilumina con aquella luz que le hace percibir la verdad universal y la que encierra dentro de sí misma.

13. ¿Quiere alguien despreciarme? ¡Allá él! Yo, por mi parte, me prevendré bien para que no se me sorprenda haciendo o diciendo algo digno de desprecio. ¿Me odiará? ¡Él lo sabrá! Yo, por lo que a mí toca, me conservaré hacia todos benévolo y bondadoso, y aun hacia

ese también estaré dispuesto a demostrarle su error, no para humillarle ni para hacer alarde de mi constancia, antes bien, simple y amigablemente, al modo que lo hizo el gran Foción, si es que su proceder no era fingido. Porque es desde lo hondo del corazón que conviene estar así dispuesto, para que vean los dioses a un hombre que nada lleva a mal y no recrimina nada. Y en verdad, ¿qué mal te podrá venir si, en cuanto de ti depende, haces en este momento lo que conviene a tu naturaleza y abrazas lo que es oportuno ahora a la naturaleza universal, siendo hombre que se esfuerza en ejecutar de todos modos cuanto sea conveniente a la sociedad?

14. Los que se desprecian mutuamente luego se lisonjean los unos a los otros; los que ambicionan aventajarse los unos a los otros, ahora se ceden recíprocamente el paso.

15. ¡Qué perverso y fingido es el que dice: «¡Yo he decidido conducirme limpiamente contigo!»! ¿Qué haces, pobre amigo mío? No es necesario andarse por las ramas. Esto se verá por sí mismo; debe leerse en tu rostro; inmediatamente suena esto en tu voz; al punto se manifiesta en tus ojos, así como la persona amada conoce todo al instante en las miradas de sus amantes. En suma, el hombre recto y virtuoso debe ser tal cual es el que huele a sobaquina, de manera que quien se le acercare sienta, quiera el otro o no quiera, desde el primer momento, lo que es en realidad. Pues la afectación es arma de doble filo. Nada hay más odioso que la amistad de lobo. Evita este vicio más que los demás. El hombre de veras bueno, recto, benévolo, manifiesta estas cualidades en sus ojos, sin poder ocultarlas.

16. El alma tiene en su mano el poder vivir una vida perfectamente feliz, si permanece indiferente acerca de las cosas indiferentes. Y se portará con indiferencia, si considera cada una de ellas ya por partes,

ya en general, y se acuerda que ninguna nos insta a formar juicio sobre ella, ni menos nos sale al encuentro, sino que permanece queda, siendo en realidad nosotros los que formamos los juicios acerca de ellas y las grabamos, por decirlo así, en nuestra alma, pudiendo no solo no grabarlas, sino también, ocultarse alguna, borrarla inmediatamente. Ten presente, además, que estas cuitas durarán poco y que muy en breve cesarás de vivir. ¿Y qué hay de desagradable en que esto sea así? Si ello es conforme con la naturaleza, acéptalo alegremente y se te hará fácilmente llevadero. Si es contrario a la naturaleza, examina lo que te corresponde según tu propia naturaleza y corre tras ello, aun cuando no fuese de mucho honor; que el perdón es concedido a quien busca su propio bien.

17. Examina de dónde ha salido cada cosa, de qué elementos se compone, en qué otra cosa se trasmudará, cuál será después demudada, sin sucederle por ello mal alguno.

18. Pero es mayormente digno de examen, en primer lugar, pensar cuál sea la relación que me une a los mismos hombres, y que hemos nacido los unos para los otros; mas yo, por otro título especial, nací para estar a su cabeza, como el morueco guía el rebaño y el toro la vacada. Remonta luego más alta la consideración: si no los átomos, es la naturaleza la que gobierna el universo. Si esto es así, los seres inferiores se crearon por causa de los más nobles, y estos los unos para los otros.

En segundo lugar, cómo se comportan en la mesa, en la cama y lo demás; sobre todo, en qué necesidades tan duras les ha puesto su mismo modo de opinar, y aun entonces, con qué soberbia obran.

En tercer lugar que, si con la rectitud debida obran de esa forma, no es razón que nos indignemos contra ellos; si no obran rectamente, es evidente que lo hacen sin libertad y por su ignorancia. Pues toda alma solo de mal grado se priva tanto de la verdad como del conocimiento con que debe conducirse con cada uno según su valor. Por eso, llevan con impaciencia el oírse llamar injustos, ingratos, avaros y, en suma, propensos a faltar contra su prójimo.

En cuarto lugar, que tú también eres el primero en cometer muchos yerros y eres otro tal como ellos. Aunque te abstienes de ciertas faltas, tienes, con todo, una rara inclinación a cometerlas; y solo por cobardía, por ambición u otro vicio análogo, dejas de incurrir en ellas.

En quinto lugar, que si cometen faltas, tú no lo sabes exactamente, porque muchas cosas se hacen según un fin propuesto; es necesario, en suma, enterarse de muchos pormenores antes de pronunciarse absolutamente sobre una acción ajena.

En sexto lugar, cuando te indignes sin medida, recuerda que la vida humana es infinitamente breve y que dentro de poco estaremos todos tendidos en el lecho fúnebre.

Lo séptimo, que no son las acciones ajenas las que nos turban, pues se quedan ellas en los principios rectores de los otros; son, en realidad, nuestras acciones mismas. Depón, pues, y decídete a echar de ti este juicio, como si se tratara de algo grave, y con ello se te habrá ido la cólera. Pero ¿cómo desecharlo? Haciendo la cuenta de que no se te ha hecho infamia. Porque si no fuera la infamia el único mal, fuerza sería que tú también incurrieses en muchas faltas, que fueses un ladrón, un hombre capaz de todo.

Lo octavo, que la cólera y el dolor que experimentamos por las culpas ajenas nos acarrean una turbación mayor que la que nos causarían en sí aquellas cosas por las cuales montamos en cólera y nos resentimos.

En noveno lugar, que la mansedumbre es invencible si fuere franca, sin sonrisa burlona, sin hipocresía. Porque ¿qué te podrá hacer el hombre más violento si continuarass testimoniándole tu benevolencia y si, dada la ocasión, lo amonestaras con dulzura, lo instruyeras holgadamente en aquel preciso momento en que intente dañarte? «No, hijo mío; para otro fin hemos nacido. No me acarreas a mí mal alguno: es a ti mismo a quien dañas, hijo mío.» Y hazle ver con delicadeza y de un modo general que ni las abejas suelen proceder así, ni otra especie de animales por naturaleza sociables. Conviene asimismo obrar así sin ironía, sin improperio, sino afectación y sin amargura en el corazón, ni menos como un maestro reprende en público en la escuela, ni de forma que suscites la admiración en los circundantes; antes bien, dirígete a él solo, por más que otros se hallen presentes.

Ten fijos en la memoria estos nuevos preceptos capitales, como otros tantos dones recibidos de las Musas y empieza alguna vez, mientras te dura la vida, a ser hombre de veras. Mas debes guardarte igualmente de enojarte contra los hombres que de adularlos: que ambos excesos son contrarios a la sociabilidad y acarrean daños. Ten presente en tus asaltos de cólera que no es propia del hombre la irritación, sino la dulzura y el sosiego que, a la vez que humanas, son virtudes más varoniles e infunden al que las posee más fuerza, más nervios y más valor viril que al que se impacienta y maldice. Cuanto más su conducta se acerca a la impasibilidad, tanto mayores serán sus fuerzas. Y a la verdad, así como la aflicción refleja debilidad, la refleja también la ira: que en ambos casos es uno herido y se da por vencido.

Si quieres, toma aún este décimo consejo como don de Apolo:[4] a saber, que es locura el pretender que los malvados no cometan delitos, pues esto es desear imposibles; consentir, en cambio, que se muestren tal cual son en presencia de los otros, queriendo al mismo tiempo que no te ofendan, es una iniquidad y una tiranía.

19. Cuatro son, entre todas, las inclinaciones de la mente que de continuo conviene evitar. Después de que des con ellas, échalas de tu

interior, hablando así con cada una en particular: no viene al caso esta idea; esta otra conduce a la ruptura del vínculo social; esta que vas a expresar no es conforme a lo que sientes, y una idea contra el propio sentir es una de las cosas más absurdas. He ahí, en fin, la cuarta inclinación, con la cual te afrentas a ti mismo: es si tu proceder acusa la caída y sumisión de tu espíritu, la parte más divina de ti mismo, a la parte más ruin y perecedera, la de tu cuerpo y sus brutales placeres.

20. Todo lo aéreo e ígneo que se te ha incorporado, aun cuando tienda naturalmente a subirse a lo alto, se conforma, con todo, a la disposición del universo y se detiene aquí abajo, en ese compuesto del cuerpo. Asimismo cuanto hay en ti de terrestre y ácueo, por más que se incline hacia abajo, se levanta, adoptando una postura que no parece natural. Así, pues, hasta los elementos no dejan de subordinarse al todo; cuando se les ha asignado un lugar, se violentan por mantenerlo, hasta que de arriba se les dé la señal de la disolución.

¿No es, pues, una enormidad que solo tu parte intelectiva sea desobediente y proteste contra el destino que se le asignara? Y más aún ya que no se le impone violencia alguna, no se le exige ninguna cosa que no convenga a su naturaleza; pero, no pudiendo contenerse, se lanza a la parte contraria. Y este movimiento que la inclina a la injusticia, a la intemperancia, a la ira, a la aflicción, al temor, no es otra cosa que una defección a la naturaleza. Del mismo modo, cuando tu mente lleva a mal alguno de los sucesos, también entonces desampara su puesto, porque no menos ha sido hecha para la piedad y el espíritu religioso que para guardar la justicia. Y estas virtudes, en efecto, contribuyen también al buen orden de la sociabilidad y son más eminentes que las simples prácticas de justicia.

21. Aquel que no fija a su vida un solo y mismo objetivo, no puede permanecer uno solo y uno mismo en todo el curso de su vida.

Pero no basta lo dicho, si no precisa cuál debe ser este blanco. Porque, así como no es una misma la opinión acerca de todas aquellas cosas que, con razón o sin ella, parecen buenas al vulgo, aunque lo sea la que se forma acerca de determinada clase de bienes, que se refieren al interés común, a este modo también conviene proponerse como fin el bien público y común a la sociedad. El hombre que dirija a este fin todos sus propios intentos, guardará uniformidad en su conducta y, con esto, será siempre uno mismo.

22. Recuerda la fábula de los dos ratones,[5] el uno montaraz, y el otro doméstico; y observa el temor y la huida de este.

23. Sócrates solía llamar a las creencias del vulgo *lamias*, espantajos de niños.[6]

24. Los lacedemonios solían en sus espectáculos colocar bancos a la sombra para los forasteros; ellos, en cambio, se sentaban allí donde quisieran.

25. Sócrates decía al hijo de Perdicas,[7] disculpándose de no aceptar una invitación: «*No quiero prepararme un fin desgraciado*», esto es: «*No quiero verme en la necesidad de no poder corresponder por un igual a las finezas recibidas*».

26. En los escritos de los efesios se hallaba este aviso: «*Tened siempre presente el ejemplo de aquellos antiguos que se dedicaron al ejercicio de la virtud*».

27. Los pitagóricos encargaban que levantásemos bien de mañana los ojos al cielo a fin de que, haciendo memoria de estos seres que cumplen eternamente su cometido sin desviarse de su derrota ni

variar, nos acordásemos de su disciplina, su pureza y su desnudez, pues nada vela los astros.

28. Imagínate el día en que Sócrates se envolvió en una piel y Xantipale quitó el manto que lo cubría, lo vio de esa guisa y se fue Y el recuerdo de lo que dijo Sócrates a sus amigos, ruborizados al verle en semejante vestido.

29. En el arte de escribir y leer no podrás ser maestro antes que discípulo. Con mucha mayor razón debe aplicarse esto al arte de vivir.

30. *«Tú naciste esclavo; no tienes derecho a la palabra.»*[8]

31. *«Ha estallado de risa mi corazón.»*[9]

32. *«Condenarán la virtud persiguiéndola con acerbos denuestos.»*[10]

33. *«Buscar higos en el invierno es locura; lo mismo, clamar por el hijo, cuando nunca debe sernos restituido.»*[11]

34. *«Al abrazar a tu hijo* —persuadía Epicteto—, *conviene decirte para ti mismo: mañana tal vez morirá.*

—¡Ah, que es eso un oral presagio!

—Nada hay aquí de siniestro sino la indicación de un simple efecto natural; si no, sería también mal agüero haber segado la mies.»[12]

35. *«La uva verde, la madura, la pasa, todas son mutaciones, no para no ser, sino para ser lo que no se era.»*[13]

36. *«No está el libre albedrío expuesto a ladrones.»* Es sentencia de Epicteto.[14]

37. *«Conviene* —dice el mismo Epicteto— *aprender el arte de dar su consentimiento»* y, en la parte de su libro que trata de los impulsos: *«Conviene poner atención en obrar con la debida reserva, para mirar el bien público, para conseguir lo que responde al mérito de cada cosa; y es también menester abstenerse en absoluto del deseo como de la aversión a cuanto no dependa de nuestro arbitrio».*[15]

38. *«No es un asunto de más o menos el que se debate* —decía él mismo—: *sino sobre si somos insensatos o no lo somos.»*[16]

39. Decía Sócrates:

«—¿Qué deseáis? ¿Tener almas de seres racionales o de irracionales?

»—De racionales.

»—¿De qué seres racionales? ¿De los buenos o de los malos?

»—De los buenos.

»—¿Por qué, pues, no las buscáis?

»—Porque ya las tenemos.

»—Luego, ¿a qué andáis riñendo y porfiando?».[17]

MEDITACIONES

LIBRO XII

✦

1. Todos aquellos bienes a que deseas llegar por rodeos, puedes alcanzarlos en seguida, si no te quieres mal a ti mismo. Esto es: si dejando de lado todo lo pasado, confías lo futuro a la providencia, y enderezas lo presente según la piedad y la justicia: según la piedad, a fin de abrazar férvidamente cuanto te sea dispensado, puesto que la naturaleza te lo destinó, y te destinó a ti para ello; según la justicia, para que libremente y sin trabas digas la verdad y obres conforme a la ley y al mérito del objeto.

No te sirvan de obstáculo ni la maldad ni la opinión o la palabra ajenas, ni menos las sensaciones de esta mísera carne que te rodea: allá se las tendrá la parte afectada. Ahora, pues, si un día u otro estás al fin de la carrera, te despides de todo lo restante y respetas solo tu recta razón y la parte divina que hay en ti; si temes, no el poner fin a la vida, sino el no haber comenzado nunca a vivir conforme a la naturaleza, serás un hombre digno de ese mundo que te engendró, dejarás de ser huésped en tu misma patria; de maravillarte de lo que sucede todos los días como si fuera cosa inesperada, de no estar pendiente de tal y tal cosa.

2. Dios ve todas las almas desnudas de sus envolturas materiales, de esas cortezas e inmundicias que las cubren, pues, no siendo más que inteligencia, solo llega a conocer aquellas cosas que de él mismo dimanan y derivan en estas almas. Y si también tú mismo te acostumbrares a hacer esto, suprimirías muchas de tus distracciones. Pues aquel que no pusiere la mira en estas carnes que le rodean, ¿perderá acaso el tiempo pensando en los vestidos, la casa, la gloria, en todo este aparato y pompa externa?

3. Tres son los elementos de que has sido formado: cuerpo, espíritu, inteligencia. Los dos primeros son tuyos en cuanto conviene que los cuides; solo el tercero es tuyo propio. Si te apartas de ti mismo, es decir, de tu pensamiento, cuanto otros hacen o dicen, cuanto tú mismo hiciste o dijiste, todo lo que, imaginado como futuro, te atormenta, o que, perteneciendo al cuerpo que te circunda o al alma nacida contigo, no depende de tu libre albedrío, todo aquello, en fin, que arrastra en su circuito ese torbellino exterior de la naturaleza, de modo que tu mente, puesta a salvo contra las condiciones inherentes a tu hado, pura y limpia de pasiones, viva replegada en sí misma, practicando la justicia, aceptando los acontecimientos y profesando la verdad; si tú, repito, destierras de tu espíritu aquellos afectos que dependen de la pasión y, sin preocuparte por lo venidero ni lo pasado, te haces a ti mismo, cual Empédocles al describir el mundo: *«Una esfera perfecta, ufana de su equilibrada redondez»;*[1] y solo diriges tus cuidados a vivir bien el momento que vives, a saber, el presente; entonces podrás, sin duda, pasar el resto de tu vida hasta la muerte con toda calma, benignidad y armonía con tu mismo buen Genio interno.

4. Muchas veces me pregunto, maravillado, cómo es que amándose cada uno a sí mismo más que a todos los otros, estime en menos la opinión propia formada de sí que la opinión ajena que se merece.

Puesto que si un dios apareciéndose a uno de nosotros, o si un sabio maestro ordenase a uno de nosotros no imaginar, no pensar nada, sin proferirlo al mismo punto en voz alta, no habría quien pudiera soportarlo un solo día. En esta conformidad, respetamos más al prójimo cuando opina algo acerca de nosotros que a nosotros mismos.

5. ¡Cómo es posible que los dioses, habiendo dispuesto todas las cosas con tanta sabiduría y amor hacia el hombre, hayan descuidado este último pormenor, a saber, que un determinado número de hombres de virtud acrisolada, después de haber tenido, por así decirlo, un pacto de alianza con la divinidad, habiéndose hecho por largo tiempo, gracias a su conducta piadosa y sagrados cultos, familiares con la divinidad, después que hubieren muerto, no hayan de volver a la vida, antes bien hayan de desaparecer para siempre! Dado que esto sea así, ten por cierto que, si hubiera sido del caso hacer las cosas de otra manera, los dioses lo habrían procurado. Porque si era justo, también era posible; si hubiera sido conforme con la naturaleza, la naturaleza lo hubiera puesto por obra. Y como no sucede de esta suerte, si es que así no sucede, da por seguro que no convenía que se hiciese en esta conformidad. Y en realidad, bien ves tú mismo que, proponiéndote esta necia cuestión, pleiteas con la misma divinidad; y no discutiríamos así con los dioses, de no ser ellos muy buenos y muy justos. Siendo así, no han podido por una negligencia contraria a la justicia y a la razón descuidar cosa alguna perteneciente al buen régimen del universo.

6. Acostúmbrate a ejercitarte aun en aquellas cosas de que desconfías. Pues es así que la mano izquierda, no siendo a propósito para otras acciones por falta de uso, sostiene, con todo, las bridas más fuertemente que la derecha, por cuanto ya se habituó a ello.

7. Piensa en qué estado conviene hallarse, de cuerpo y alma, cuando te sorprenda la muerte; reflexiona sobre la brevedad de la vida, la infinidad del tiempo pasado y venidero, y sobre la poca consistencia de todo lo material.

8. Mira las causas formales despojadas de sus escorias; atiende al fin de las acciones; considera qué viene a ser el dolor, el placer, la muerte, la gloria; que el hombre es el único causante de sus cuitas; cómo ninguno puede ser obstaculizado por otro, que todo depende del modo de opinar.

9. Conviene, en la práctica de los principios, parecerse antes al pugilista que al gladiador. Porque este no tiene más que dejar la espada de que se vale y quedar allí mismo muerto; pero aquel dispone siempre de su mano y le basta con cerrar el puño.

10. Es del caso examinar lo que son las cosas en sí mismas, analizándolas en su materia, en su causa, en su relación con el fin.

11. ¡Qué admirable facultad posee el hombre, que depende de su arbitrio el no hacer sino aquello que es del agrado de Dios y el recibir con gusto lo que Dios le dispense!

12. En lo que se refiere a la naturaleza, no debe uno quejarse contra los dioses, porque no faltan en cosa alguna ni voluntaria ni involuntariamente, ni contra los hombres, pues cuando yerran es siempre involuntariamente. No se debe, pues, culpar a nadie.

13. ¡Cuán ridículo y extraño es aquel que se maravilla de cosa alguna de cuantas pasan en esta vida!

14. O domina una fatalidad de destino y un orden inviolable, o una providencia aplacable, o un caos entregado al azar, sin dirección alguna. Ahora bien: si reina una fatalidad inflexible, ¿a qué intentas resistirla? Si reina una providencia capaz de dejarse aplacar, hazte digno del socorro divino. Si reina un caos sin ninguna dirección, conténtate de poseer en ti mismo, en medio de ese torbellino, una inteligencia capaz de guiarte. Y si el torbellino te arrolla, que se lleve tras de sí tu cuerpo, tu aliento y todas las otras cosas externas: no te arrebatará la inteligencia.

15. Si la llama de un velón continúa alumbrando hasta tanto que se apague, sin cesar de despedir su resplandor, ¿la sinceridad, la justicia, la templanza van a extinguirse en ti antes de morir?

16. Cuando uno te da la sensación de haber cometido una falta, di para ti: «¿Qué sé yo si ha sido una falta?»; y si es que faltó: «Ya se ha echado a sí mismo la culpa». Y así se parece al que se hubiese arañado el rostro de dolor.

Quien pretende que el malo no cometa faltas se asemeja al que no quiere que la higuera lleve leche en los higos, que los recién nacidos lloren, que el caballo relinche, ni que sucedan otras cosas naturalmente necesarias. ¿Y qué podría hacer quien se hallase en tal hábito? Si, pues, eres tan impaciente, remedia este mal.

17. Si esto no es correcto, no lo hagas; si no es verdad, no lo digas. ¡Depende de ti solo tal empeño!

18. Conviene en todo y por todo considerar qué es en sí mismo ese objeto que despierta en tu imaginación esta idea e intentar explicártelo, analizándolo en su causa, en su materia, en su fin, y en el tiempo dentro del cual cesará de existir.

19. Acaba alguna vez de conocer que posees en ti mismo algo más noble, más divino que los objetos que excitan en ti las pasiones y te agitan, en una palabra, a manera de un títere. ¿Cuál es ahora mi pensamiento? ¿Acaso el temor, la sospecha, la codicia u otra pasión análoga?

20. En primer lugar, procura no hacer cosa alguna irreflexivamente, sin relacionarlo con algo; en segundo lugar, no dirijas las acciones a otra cosa más que a la utilidad del bien común.

21. Hazte la cuenta que dentro de poco no serás más que nada, que no estarás en parte alguna, que no serás porción de los objetos que ahora ves ni de los seres que actualmente viven. Todas las cosas de suyo nacen para mudarse, alterarse y perecer, a fin de que otras sucesivamente nazcan.

22. Persuádete de que todo es opinión y que la opinión pende de ti. Borra, pues, cuando quieras, tu opinión y como navío que dobló un cabo, encontrarás al punto buen tiempo, todos los elementos calmados y un golfo sin olas.

23. Una acción cualquiera que se termina a su tiempo nada desmerece por haberse terminado, ni recibe menoscabo alguno quien la puso en ejecución por el hecho de haberla concluido. De la misma manera, pues, el conjunto de todas las acciones que integran la vida, si esta cesa a su tiempo, no experimenta ningún daño, solo por eso de haber cesado, ni tampoco será vejado el que haya concluido con oportunidad la serie de sus acciones. En cuanto al momento oportuno y al término, es la naturaleza quien los fija, a veces la naturaleza individual, como sucede al que muere en la vejez, y casi siempre la naturaleza universal, cuyas partes se transforman de tal manera que el mundo en su totalidad es siempre joven y está en sazón. Además de

que todo lo conducente al universo es siempre bello y tempestivo. Luego, el fin de la vida no es un mal para ningún particular, no es vergonzoso, puesto que no depende del libre albedrío y no perjudica a la comunidad. Es, por el contrario, un bien, pues es oportuno, congruente y adaptado al proceso universal. Y a la verdad, de este modo sería llevado por un soplo divino el que se conformase en todo con Dios y se encaminase al mismo fin con aguda reflexión.

24. Conviene no perder de vista estos tres puntos: primero, que cuanto pusieres por obra, no lo hagas temerariamente ni de otra manera que como lo haría la misma justicia; en lo que mira a los acontecimientos externos, persuádete, bien sucedan al azar, bien por providencia, de que no debes por esto vituperar la Fortuna ni culpar a la providencia. Lo segundo, que reflexiones cuál es el individuo desde su concepción hasta que el hálito lo anima y desde la animación hasta el momento en que deba restituir el alma; de qué elemento se compone y en cuáles se disolverá. Lo tercero que, si de pronto levantado en alto considerares desde arriba lo que son las cosas humanas y su diversidad, ¡cómo las despreciarías al abarcar de un solo golpe de vista el inmenso espacio que por todas partes habitan vivientes aéreos y etéreos! Y, por más veces que te remontases, verías al fin las mismas escenas, su mismo aspecto, su breve duración. ¡Y en esto fundas tu vanidad!

25. Echa fuera de ti estos prejuicios: así estarás a salvo. Pues ¿quién te podrá impedir que te libres de ellos?

26. Cuando te resintieres de algo, será que olvidas que todo sucede según la naturaleza universal y que te es ajena la falta cometida; además, que todo cuanto acontece siempre aconteció en esta conformidad y sucederá siempre y sucede doquiera así en este momento; ni te

acuerdas de cuál sea el parentesco de un hombre con todo el linaje humano, no de sangre o germen, sino participación común de una misma razón; olvidas también que la inteligencia de cada uno de nosotros es un dios y dimana de la divinidad; que nadie posee cosa alguna en propiedad, sino que su hijo, su cuerpo, su misma respiración, le vino de Dios; que todo es una mera opinión; que cada uno no vive más que el momento presente, y no pierde otro al morir.

27. Conviene constantemente recordar aquellos que por una causa u otra se encolerizaron excesivamente, los que han alcanzado la cumbre de los honores, de la desgracia, del odio o de las suertes más dispares. Reflexiona después sobre ¿qué queda ahora de todo esto? Humo, ceniza, fábula o, quizá, ni fábula. Represéntate asimismo los casos análogos, cual fue Fabio Catulino en su quinta, Lucio Lupo en sus jardines, Esternino en Bayas,[2] Tiberio en Capri, Velio Rufo y, en suma, todos los que quisieron distinguirse en cualquier cosa, con una vana presunción de sí mismos. Qué mezquino era todo lo que les traía fuera de sí. Cuánto es más conforme con la sabiduría el que uno, cuando se le ofrezca, se muestre justo, templado, dócil a los dioses, a cara descubierta, pues no hay nada tan insoportable como el orgullo insolente bajo capa de modestia.

28. A los que te preguntaren: «¿Dónde viste a los dioses, y cómo compruebas su existencia, para darles ese culto?», respóndeles, ante todo, que son visibles a nuestros ojos. Además, aunque yo no haya visto mi alma, con todo también la respeto. Y lo mismo acontece con los dioses: por las mismas razones que experimento los efectos de su poder en todas las coyunturas, comprendo que existen y los venero.

29. La conservación de la vida estriba en discernir claramente cuál es cada cosa de por sí, cuál es su materia, cuál es su causa formal; en

practicar con toda el alma la justicia, decir la verdad. ¿Y qué más falta ya sino aprovechar la vida encadenando una obra buena con otra buena, sin dejar el menor intervalo entre ellas?

30. Una misma es la luz del sol, aunque se vea impedida por muros, montañas y una infinidad de obstáculos; una es la materia común, por más que se halle dividida en infinitos cuerpos individuales; uno es el soplo vital, aunque se parta en una infinidad de naturalezas dentro de sus límites respectivos; una es el alma racional, aunque parezca estar dividida. Y a la verdad, las otras partes de las cosas aludidas, como las respiraciones y los objetos sensibles, se desconocen y no tienen vínculo que mutuamente las una; pero estos mismos seres permanecen conectados por la fuerza que los une y por la atracción del centro de gravedad. La inteligencia, por el contrario, por privilegio singular, se aficiona a lo que es de su mismo género, y se le une, sin que esta necesidad de comunicación ceda a los obstáculos.

31. ¿Qué anhelas aún? ¿Prolongar tu existencia? ¿Acaso para sentir, moverte, crecer, y cesar luego, hablar, pensar?[3] ¿Cuál de estas cosas encuentras acreedora a tu codicia? Pero si cada una de estas facultades la tienes por vil, inclínate, en último término, a seguir la razón y a Dios. Pero son dos cosas opuestas el seguirlos y el acongojarse porque la muerte nos prive de aquellas facultades.

32. ¡Cuán pequeña parte del tiempo, infinito e insondable, se ha distribuido a cada uno, puesto que en un momento va a abismarse en la nada! ¡Cuán pequeña porción de la substancia universal! ¡Cuán pequeña parte de la vida universal! ¡Cuán pequeña gleba de toda la tierra es esta en que te arrastras! Considerando todo esto, nada estimes por cosa grande, sino el obrar conforme a las normas de tu naturaleza y el sentir según las exigencias de la naturaleza común.

33. ¿Cómo usa de ti mismo tu facultad rectora? En esto estriba todo. Lo demás, o pertenezca o escape a tu libre albedrío, no es más que cadáver y humo.[4]

34. Lo que más estimula para el desprecio de la muerte es considerar que la menospreciaron aun aquellos que juzgaban el placer como un bien y el dolor como un mal.

35. A quien solo reputa por bueno lo que es oportuno, a quien lo mismo le da el ejecutar muchas acciones conformes con la recta razón, que el practicar unas pocas, a quien es indiferente contemplar por más o menos tiempo el espectáculo del mundo, a este tal de ningún modo es temible la muerte.

36. Tú eras, amigo mío, ciudadano de esta gran urbe del mundo. ¿Qué importa que lo hayas sido por cinco años o por tres? Lo que está regulado por las leyes es igual a cada uno. ¿Qué hay de extraordinario en que te destierre de esta ciudad, no digo un tirano o un juez inicuo, sino la misma naturaleza que te había introducido? Es lo mismo que si el pretor despidiese de la escena al comediante que él mismo había contratado.

«Pero yo no he representado los cinco actos, sino solo tres.»

¡Muy bien! Pero en la vida tres actos solos componen un drama entero. Porque determina el fin de la vida el que asume la responsabilidad, primero de haber integrado tu ser, ahora de disolverlo. En cuanto a ti, no eres responsable de ninguna de las dos cosas. Salta, pues, con ánimo alegre; que también el que te libera te será propicio.

NOTAS

Libro I

1. Hijo de Annio Vero y de Domicia Lucila, Marco Aurelio, nacido el 26 de abril del 121 de nuestra era, fue educado por su abuelo, llamado también Annio Vero, cónsul y prefecto de Roma. Adoptado por el emperador Antonino (en 25 de febrero del 138), y muerto este, el emperador filósofo tomó el nombre de M. Aurelio Antonino, acoplando el *cognomen* de Antonino con el *nomen* del abuelo de este, T. Aurelio Fulvo. No es segura la identificación de su bisabuelo y de su preceptor mencionados en los párrafos siguientes.
2. Son los colores con que se designaban los bandos rivales que disputaban el premio en las carreras del circo y en las luchas gladiatorias.
3. *Parmularios* y *escutarios* son diversos tipos de gladiadores, armados, respectivamente, de rodela con puñal y de red con tridente.
4. Pintor y sabio, poco conocido.
5. *Baquio*, *Tandasis*, *Marciano*: los dos primeros nombres son poco seguros. De Marciano, no tenemos otras noticias.
6. Filósofo estoico, consejero íntimo y maestro del príncipe.

7. La toga era el traje oficial de los romanos, su vestido de gala. En la intimidad de la casa, el romano vestía simple túnica.
8. Ciudad de la Campania.
9. Apolonio y Rústico eran los filósofos de máximo prestigio de la época.
10. Sexto de Queronea, también estoico, sobrino de Plutarco.
11. Este principio estoico fue declarado brevemente así por Cicerón, *Off., III, 3: cum virtute congruere semper.*
12. Poco más sabemos de este gramático, preceptor de Marco Aurelio, y del otro Alejandro, el platónico, mencionado en la meditación 12; de este último hizo la oración fúnebre Arístides.
13. Frontón, rétor y orador famoso, escritor mediocre, de segundo orden, pero varón excelente, muy caro a su discípulo Marco Aurelio, en cuya educación marcó una influencia decisiva.
14. Cinna Catulo, estoico. De los otros dos citados luego, Domicio y Atenodoto, el primero nos es desconocido; Atenodoto fue el maestro de Frontón.
15. Es sospechoso el nombre de «hermano»; quizá se trata de algún pariente, que llevaba el nombre de su abuelo materno, Catilio Severo. La identificación, por otro lado, parece clara si se refiere a Claudio Severo, peripatético, cónsul en 146, cuyo hijo se casó con Fadila, segunda hija de Marco Aurelio.
16. Es conocido el estoico Traseas, imitador de Catón de Utica, muerto en el 66 de nuestra era; adversario acérrimo de la política de Nerón, fue acusado de lesa majestad, al abortar la conjura de Pisón, y condenado a muerte. Helvidio Prisco fue yerno de Trásea; desterrado en dos ocasiones, bajo Nerón y luego bajo Vespasiano, por su independencia de carácter, fue condenado a muerte en el 75. La lectura de *Dion*, acaso Dion Casio, es incierta. Los otros dos, Catón y Bruto, son harto conocidos.
17. Claudio Máximo, estoico, fue cónsul gracias a Marco Aurelio, luego legado en Panonia superior y procónsul en África.

18. El final está corrompido; las dos expresiones son hipotéticas.
19. Se refiere a Antonino Pío, su padre adoptivo, no a su padre natural, de quien hizo mención en la meditación 2.
20. Este largo período es una reconstrucción conjetural. Se trata de uno de los pasajes más viciados, realmente irreductibles. Nos hemos ayudado de varias lecciones para ofrecer una interpretación verosímil. Antonino, oriundo de Lanuvio, en el Lacio, había sido educado en Lorio —al noroeste de Roma, sobre la vía Aurelia—, donde se hizo construir un palacio.
21. Desconocidos; acaso epónimos.
22. Faustina la joven, hija del propio Antonino; mal se avienen estos sinceros elogios de su marido con los vituperios de otros historiadores malévolos o demasiado crédulos, como Casio y Capitolino.
23. Este primer libro, que sirve como de prefacio a las verdaderas *Meditaciones*, fue escrito por entero junto al río Gran, afluente de la izquierda del Danubio, en vida de la mujer de Marco Aurelio, entre el 166 y el 176, alrededor, pues, de sus cincuenta años de edad. Los cuados ocupaban una parte de la antigua Checoeslovaquia; era uno de los pueblos a los que el emperador tuvo que poner coto. A esta época se remonta aquel extraño suceso, que entre los núcleos cristianos dio origen a la leyenda de la «Legión fulminante».

Libro II

1. Doctrina puramente estoica es la del «Dios interior» o «Genio» (*òaíμwv*). Este dios es la parte superior de nuestra alma, el *Fgeμovixóv*, el «guía»; representándonos por esta palabra el elemento divino de nuestro ser, emanado de la razón universal, adoptamos para traducirla un criterio menos restringido, desde nuestro punto de vista actual, en que es más agudo y claro el análisis de las actividades mentales. De acuerdo, pues, con la situación de cada

soliloquio, según lo sugiere la matización de cada momento psíquico, utilizamos expresiones como «facultad rectora», «principio rector», «recta razón», o «recto juicio», que incluyen en su diversidad la nota persistente etimológica de «conducción» o «guía». Así damos al lector actual una orientación más viva sobre la psicología rudimentaria de los estoicos en relación con la precisión de los psicólogos de nuestro tiempo.

2. Texto alterado; sentido conjetural.
3. Imperativo irónico, de matiz condicional. Véase más adelante, II, 16 y 17, de qué manera puede deshonrarse a sí misma el alma.
4. Para el estoico todas las faltas eran iguales. Marco Aurelio, menos rígido y más humano, a tenor de la doctrina de su tiempo, tiene un criterio ecléctico, como puede comprobarse en numerosos pasajes.
5. Se refiere a Píndaro, citado por Platón, *Teet.*, 173 E.
6. Fragmento de Menandro; véase Séneca, *Epist.*, 78. Marco Aurelio se muestra aquí escéptico, debelando el criterio de la verdad, tan sostenido por los estoicos. Mónimo, más pirrónico que cínico, era discípulo de Diógenes.
7. Marco Aurelio escribió este segundo libro durante la campaña de 170-174, en su residencia habitual de Carnunto, estación militar a la orilla derecha del Danubio, en Panonia (véase Orosio, *Hist.*, VI, 15).

Libro III

1. Frase interpolada; acaso se da el nombre de «piojos» a los calumniadores de Sócrates, Anito y Melito. *Demócrito* murió de puro viejo; está confundido con Ferecides.
2. Pasaje alterado.
3. Expresiones militares, habituales en el Emperador.
4. Cf. Platón, *Tim.*, 61 D.
5. Texto corrompido, sin variación sensible en el significado.

6. Expresión habitual en Marco Aurelio: cosas medias, intermediarias entre el bien y el mal, como la riqueza y la salud. Véase I. V, 33.
7. Alude al tirano de Akragas (571-555 a. C.), estigmatizado por la historia como uno de los más crueles tiranos, como Nerón, en Roma.

Libro IV

1. Expresión de Demócrito, sentenc. 115, ed. Diels, 2.ª, 406.
2. Muy dudoso es todo el final de este párrafo; reconstrucción hipotética.
3. La división primaria que los estoicos admiten en el universo es la de un elemento paciente o material (que hace que yo exista como cuerpo), y la de una causa racional o principio esencial (que me otorga la forma de hombre). Véase Diógenes Laercio, VII, 139; y Séneca, *Epíst.*, 64.
4. *«Oh querida ciudad de Cécrope»*, o sea, Atenas. Parece tratarse de una expresión de Aristófanes, fragm. 110, ed. Kock.
5. Palabras de Demócrito, fragm. 3. ed. Diels, pág. 386.
6. Pasaje adulterado. Tal como aparece, con la negación (*carezco*) no puede ponerse en boca del Emperador.
7. Cesón Fabio, el caudillo de los trescientos Fabios, sacrificado durante la campaña contra Veyes. Voleso, jefe sabino, contemporáneo de Tacio. Leonato, acaso el Dentado, vencedor de Pirro.
8. Expresión de Homero, *Odisea*, I, 242.
9. *Cloto*. Una de las tres Parcas.
10. Epicteto, fragm. 26, ed. Schenkl.
11. Pasaje de Heráclito, fragm. 76, 71-74, ed. Diels, págs. 72-73.
12. Helice, ciudad de Acaya, en el Peloponeso, fue engullida por el mar, algo antes de la batalla de Leuctra. Ya se sabe que la erupción del Vesubio, que sepultó a Pompeya y Herculano, tuvo lugar en el año 79 d. C.

13. Los tres primeros son desconocidos. Lépido es el triunviro que desempeñó hasta edad muy avanzada el cargo de pontífice máximo.
14. Es proverbial la larga vida de Néstor, rey de Pilos, que había visto tres generaciones al participar en la campaña troyana.
15. El resto de la frase es muy inseguro.

Libro V

1. Como se creía entonces, Asclepios (o Esculapio), el dios de la medicina, ordenaba entre sueños al enfermo las recetas más conducentes a su salud.
2. Expresión dudosa, debido a la corrupción del texto.
3. Palabras de Menandro, fragm. 530, ed. Kock. La conclusión de la frase está al final del párrafo, inspirado también en Menandro, fragm. 491.
4. Sin duda, locución proverbial.
5. Expresión de Homero, *Odisea*, IV, 690.
6. Versos de Hesíodo, *Trabajos*, 197.
7. Hipotético; texto dudoso.

Libro VI

1. Véase Homero, *Ilíada*, VII, 99.
2. Trátase, sin duda, del filósofo Crates de Tebas y de Jenocrates el platónico. Pero no se sabe a qué episodio alude el autor.
3. El retrato de Antonino, que sigue, puede considerarse un bosquejo del que vimos en el 1. I, 16, probablemente posterior.
4. Lección poco segura.
5. Ya se sabe que es Deméter Carpoforos, representada con los brazos cargados de frutos.
6. Nombres de grafía insegura, probablemente adulterados. Hay un

Filistión de Nicea, cómico y contemporáneo de Sócrates, y un Filistión de Lócrida, médico. En vez de los otros dos, Trannoy sugiere que se lea *Fabio* (cf. IV, 50) y acaso *Virgilio*. De todos conocidos son los personajes que se mencionan más abajo.

7. En este párrafo está contenido en embrión todo el Libro I.
8. Expresión acaso interpolada; parece extraña al contexto.

Libro VII

1. Texto corrupto, sin duda; acaso hay que leer *cerrada*.
2. Quizá, de acuerdo con I, 15 y III, 5, hay que corregir: *no enderezado*.
3. Juego de palabras; miembro y parte se diferencian en griego por una sola consonante: *μélor* y *μépor*, respectivamente.
4. Pasaje adulterado; reconstrucción hipotética, sugerida por el contexto.
5. Laguna en el original, que no hemos dudado en llenar con un sentido conjetural. *Felicidad* en griego significa *buen numen* (*Edòaiμονía = òaíμ ων agacór*).
6. Precepto estrictamente evangélico. Véase San Mateo, V, 44: *Diligete inimicos vestros; benefacite his, qui oderunt vos; et orate pro persequentibus et calumniantibus vos*.
7. Se refiere a Demócrito de Abdera, fundador de la escuela atomista.
8. Texto irreductible. Interpretación original, hipotética.
9. Basado en Epicuro, fragm. 447, ed. Usener.
10. Fragmento de Platón, *Rep.*, VI. 486 A.
11. Palabras de Antístenes a Ciro, citadas por Arriano, *Disert. de Epicteto*, IV, 6, 20.
12. Frase de Eurípides, fragm. 287, ed. Nauck, 2.ª.
13. Cita de autor desconocido.
14. Fragmentos de Eurípides: respectivamente, 757 (meditación 40), 208 (meditación 41) y 918 (meditación 42), ed. Nauck.

15. Fragmento de Platón, *Apolog.*, 28 B.
16. Fragmento de Platón, *Apolog.*, 28 D.
17. Pasaje de Platón, *Gorg.*, 512 D.
18. Las meditaciones 47 y 48 son probables citas indirectas, a través de otros autores desconocidos. A veces no es posible separar los pensamientos originales, en Marco Aurelio, de las simples notas que recogía en sus lecturas.
19. Fragmento de Eurípides (839, 9-11, ed. Nauck), que expone las teorías de Anaxágoras.
20. Pasaje de Eurípides, *Supl.*, 1.109.
21. Cita de autor desconocido, fragm. anónimo trág. 303, ed. Nauck.
22. Laguna en los códices; la conclusión es hipotética.
23. Doctrina socrática. Palabras de Epicteto, *Disert.*, I, 28, 4; II, 22, 37.
24. Filósofo poco conocido. Se llamaba así uno de los hijos de Pitágoras.
25. Se refiere a León de Salamina; la orden dimanaba del gobierno de los Treinta.
26. Según Aristófanes, *Nubes*, 362.
27. Pasaje obscuro, quizá mutilado. Sentido probable.

Libro VIII

1. Frase adulterada en los códices. Reconstrucción casi segura.
2. Pasaje viciado hasta el final. Damos una idea de él con todos los barruntos de probabilidad.
3. Se refiere a su madre, Domicia Lucila, y a su padre Vero. Véase nota a la 1. I, 1. *Secunda* era sin duda la mujer de Máximo —nombrado este en la 1. I, 15; véase nota correspondiente. *Epitincano* nos es desconocido. *Diótimo* fue un liberto de Adriano, mencionado de nuevo en la meditación 37. *Antonino*, el emperador Antonino Pío, y su esposa Ania Faustina. *Celer:* Caninio Celer, rétor y orador de la época de Adriano.

4. Los tres, desconocidos. Hay quien identifica a Demetrio con Demetrio Falereo; otro filósofo de igual nombre asiste a Trásea en sus últimos momentos (Tácito, *Anales*, XV, 59), pero era cínico, no platónico. Hay noticias vagas acerca de otro Demetrio, adicto a la escuela platónica, que vivió en Alejandría en el último cuarto del siglo I a. C.
5. Neopitagórico, natural de Alejandría; uno de los maestros de Augusto y su filósofo predilecto.
6. Pérgamo fue liberto del emperador Vero; Pantea de Esmirna, liberta del mismo. *Cabrias* y *Diótimo*, sin duda, libertos de Adriano.
7. Véase más adelante, 1. XII, 3.
8. Texto viciado; versión conjetural.
9. Etimología falsa, seguramente popular. El vocablo griego *áxtíver* puede tener relación con *ágvuμi* («quebrar»), pero no deriva de *éxteívesoat* («extenderse»), como pretende Marco Aurelio.

Libro IX

1. Se ha completado el sentido del original añadiendo esta última frase.
2. *puertas afuera*, esto es, de nuestra alma.
3. Todo el pensamiento ha sido convenientemente completado. Alude a la famosa *Νεχνία* por Ulises, en Homero, *Odisea*, principio del canto XI.
4. Texto vicioso en todo el período; sentido probable.
5. Expresión dudosa; la lección del texto no es segura.
6. Filósofo, orador y estadista ateniense, de la segunda mitad del siglo IV a. C.
7. Véase fragm. 191, ed. Usener.
8. Sigue en el original una breve laguna que, por medio de la expresión *lo mismo que*, enlaza con la frase siguiente.

Libro X

1. El verbo griego *jceípescai* admite, efectivamente, los significados de «perecer» y de «alterarse».
2. Las famosas islas legendarias, mansión de la felicidad.
3. Pueblo germánico asentado entre el Vístula y el Volga, contra el cual lucharon reiteradamente las legiones de Marco Aurelio.
4. Parece seguir una laguna en los códices; el sentido de la frase siguiente —*evitando las frecuentes caídas*— es solo probable.
5. No es seguro el sentido de esta pregunta.
6. Lección insegura. Relaciónese este pasaje con la meditación 23, más adelante.
7. Frase de Eurípides, fragm. 898.
8. La cita de Marco Aurelio es incompleta e inexacta. Cf. Platón, *Teet.*, 174. He procurado hacer inteligible el pasaje. Véase el § 15.
9. Pasaje espúreo. Nombres como *Eutico* y *Eutiquión* son inseguros, acaso uno mismo; así también, *Satirón* y *Severo*. Otros nombres son discutibles.
10. Famoso pasaje de Homero, *Ilíada*, vi, 147-149.
11. Frase desfigurada. Reconstrucción supuesta.

Libro XI

1. No deja de extrañar esta frase violenta en un emperador de la flexibilidad y la comprensión de Marco Aurelio, apasionado por la verdad, que si ordenó persecuciones contra los cristianos lo hizo a disgusto y presionado por el pueblo —que atribuía las desgracias de la peste a un castigo de los dioses por la oposición que les hacía la nueva doctrina—. No hay que olvidar los prejuicios de escuela y el encumbramiento de los estoicos en «su» verdad, para explicarnos los resultados de esta ética contradictoria. Hay que tener presente

asimismo la evolución del pensamiento estoico en la época romana en relación con el pensamiento estoico originario, especialmente de Zenón de Citio (IV-III a. C.).

2. Exclamación de Edipo, Sófocles, *Edipo Rey*, v. 1.391.
3. Versos de Eurípides ya mencionados; véase VII, 38-41.
4. En el original: «Musagetes» o Musageta, jefe del coro de las Musas, apelativo de Apolo.
5. Véase Esopo, fáb. 297, y Babrio, 108.
6. Véase Epicteto, *Disert.*, II, 1, 15.
7. Arquelao, que intentaba atraer a Sócrates a su corte, en Macedonia. Acerca de Sócrates y Arquelao, véase Diógenes Laercio, II, 25; Séneca, *Benef.* V, 6; Aristóteles, *Ret.*, II, 23.
8. Fragmento de un poeta trágico anónimo, 304 ed. Nauck.
9. Homero, *Odisea*, XI, 413.
10. Verso de Hesíodo, *Trabajos*, 186.
11. Fragmento de Epicteto, *Disert.*, III, 24, 86-87.
12. Epicteto, *Disert.*, *ib.* 88-89.
13. Epicteto, *Disert.*, *ib.* 91-92.
14. Epicteto, *Disert.*, III, 22, 105.
15. Epicteto, fragm. 27.
16. Epicteto, fragm. 28.
17. Véase IV, 46. Pasaje seguramente de Epicteto, no localizado, o desaparecido.

Libro XII

1. Véase Empédocles, fragm. 27, 28, ed. Diels.
2. Nombres desfigurados o desconocidos.
3. Período poco seguro.
4. El cuerpo y el soplo vital, que integran el hombre —aparte de la facultad rectora—.

A PROPÓSITO DE ESTA EDICIÓN

Esta versión española de las *Meditaciones* de Marco Aurelio se debe —después de una primera elaboración del doctor E. Miquela— a quien fue uno de nuestros más reconocidos helenistas, el catedrático Miquel Dolç, responsable asimismo de las notas aclaratorias que incluimos al final de la edición.

Se ha seguido el texto crítico griego establecido por A. I. Trannoy, en la Collection des Universités de France (París, Les Belles Lettres, 1939), y utilizado asimismo sus notas. Se compulsó en ocasiones la versión —infiel, diluida— de Jacinto Díaz de Miranda (Madrid, Biblioteca Clásica, 1888). Más provechosa fue en muchos pasajes, particularmente en la fijación de la terminología filosófica, la ayuda y la revisión del doctor Francesc de Paula Mirabent, profesor de la Universidad de Barcelona, al que ofrecemos desde estas páginas el testimonio de nuestra más profunda gratitud.

Son de sobra conocidas entre los eruditos las dificultades lingüísticas que surgen a cada paso al intentar la versión de esta obra, debidas particularmente a la corrupción del texto griego. Dada la índole de esta edición, hemos preferido en tales casos una aproximación conjetural a la simple laguna de los puntos suspensivos; en el bien entendido de que los fragmentos hipotéticamente reconstruidos se encuentran explicados razonadamente en la respectiva nota justificativa.

M. D.